大槻虎男ほか『小学生の理科　4年中』二葉、1951年、8-9ページ
【1951年検定済、1952-1959年度使用】⇒本文48ページ〈資料2-2-1〉

服部静夫ほか『あたらしいりか　三ねん1』東京書籍、1950年、36-37ページ
【1950年検定済、1951-1952年度使用】⇒本文50ページ〈資料2-3-3〉

服部静夫ほか『あたらしいりか　三ねん1』東京書籍、1950年、38-39ページ
【1950年検定済、1951-1952年度使用】⇒本文50ページ〈資料2-3-4〉

大槻虎男ほか『小学生の理科　5年上』二葉、1951年、34-35ページ
【1951年検定済、1952-1959年度使用】⇒本文52ページ〈資料2-5-1〉

大槻虎男ほか『小学生の理科　4年中』二葉、1951年、4-5ページ
【1951年検定済、1952-1959年度使用】⇒本文53ページ〈資料2-6-3〉

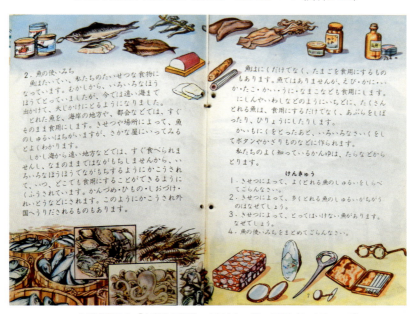

大槻虎男ほか『小学生の理科　4年中』二葉、1951年、6-7ページ
【1951年検定済、1952-1959年度使用】⇒本文54ページ〈資料2-6-4〉

理科指導研究会『しんたのしいかがく　1ねん上』日本書籍、1951年、24-25ページ【1951年検定済、1952-1954年度使用】⇒本文54ページ〈資料2-7-1〉

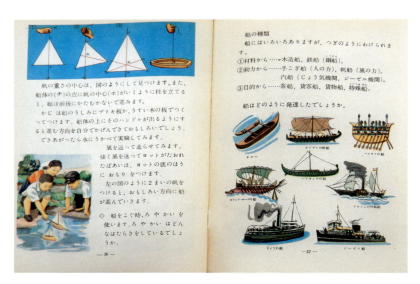

服部静夫ほか『新しい理科　第6学年用4　交通機関はどんなしくみで動くか』東京書籍、1950年、34-35ページ【1950年検定済、1951年度使用】⇒本文55ページ〈資料2-7-4〉

日本の海洋教育の原点

（戦後）理科編

[編著] 小国喜弘
東京大学海洋アライアンス
海洋教育促進研究センター

文部省著作教科書
『海をどのように利用しているか』
（1947年刊）全文掲載

巻 頭 言

　このたび、海洋アライアンス海洋教育促進研究センターでは、「日本の海洋教育の原点」を刊行することになりました。

　古来、人びとはさまざまなかたちで海からの恩恵を受けつつ、生活を営み文化を育んできました。とくに、四方を海に囲まれた日本という社会・国家は、海の存在なしには成り立たないといっても過言ではありません。そのような海にかかわる教育としての海洋教育は、たんなる海についての知識の習得を越え、「海洋と人類の共生」という理念の実現を目指す営みです。それはとりもなおさず、私たちのあり方の根本に迫る営みであり、教育が目指すべき本来的な態度を含んでいます。

　昨今、海は危機に瀕しています。地球環境の根幹を支える海は今なお損なわれつづけ、人間社会にも大きな影を落としています。こうした状況にあって、「海洋と人類の共生」という理念に立ち戻ることは不可欠です。そのためにも、これまでその理念がどのように教育の営みのなかにあらわれていたかを探ることが、必要とされています。

　本書では、過去さまざまに取り組まれてきた海洋教育のあり方を歴史的にひもときます。それは、まずもってこれからの海洋教育にとっての、貴重な導きとなるでしょう。また同時に、海洋教育が、海と人間の密接な関係を示すことを通して、私たちが「人として」よりよく生きることを可能たらしめる営みに他ならないこと、それゆえに教育の中核にすえられるべきことを理解する契機となると考えています。

2019年2月

東京大学海洋アライアンス海洋教育促進研究センター

センター長　田中　智志

目 次

巻頭言（田中智志）——— 3

はじめに　教育課程から消えていった豊かな海洋教育教材（小国喜弘）——— 7

第1部　戦後初期にみられた豊かな「海」

第1章　文部省著作教科書における海洋教育教材（小国喜弘）——— 14

第1節　中学校文部省著作教科書における海洋教育教材 ——— 15

第2節　小学校理科教科書『理科の本』『小学生の科学』における海洋教育教材
——— 25

第3節　文部省著作教科書作成の経緯 ——— 30

第4節　教科書から派生した様々な資料の編纂 ——— 36

第5節　入試問題の中の海洋教育 ——— 41

第6節　三省堂版『私たちの科学 9　海をどのように利用しているか』との比較
——— 43

第7節　ここまでの検討でわかったこと ——— 45

第2章　小学校における海洋教育教材のバリエーション（高橋沙希）——— 47

第3章　中学校における海洋教育教材のバリエーション（高橋沙希）——— 56

第1節　各教科書の構成 ——— 57

第2節　各教科書の特徴 ——— 61

第2部　消えていく「海」——学習指導要領に即して

第4章　小学校編 —— 68

第1節　学習指導要領改訂の要点 （高橋沙希） —— 68

第2節　改訂に伴う海洋教育内容の分析 （柳 準相） —— 76

第5章　中学校編 —— 92

第1節　学習指導要領改訂の要点 （高橋沙希） —— 92

第2節　改訂に伴う海洋教育内容の分析 （柳 準相） —— 100

おわりに　提言 海洋教育の可能性 （小国喜弘）—— 110

解題　海洋と人類の共生 （田口康大）—— 112

附・資料編
　小・中学校学習指導要領解説における「海」関係記述の内容 （柳 準相）—— 116

文部省著作教科書「海をどのように利用しているか」［全文掲載］—— 139

執筆・編集 —— 239

―――― **はじめに** ――――

教育課程から消えていった豊かな海洋教育教材

小国 喜弘

(東京大学)

1 日本における「海」の重要性

　海は地球上の水の97.5パーセントを満たし、地球表面の7割を占める。かつて進化論において、魚類から両生類、は虫類を経て哺乳類が誕生したと説明されたように、そもそも人類にとって、海は非常に大きな存在である。

　そして、日本に住む人々にとって海は非常に大きな存在である。日本は6852の島によって構成される島国であり、海岸線の総延長は約3.5万km(世界第6位)、日本の管轄水域は447万平方kmで世界第6位の広さであり、総人口の約5割が沿岸部に居住している〈資料0-0-1〉。日本は世界有数の漁業国であり日本の水産物の生産量のピークは1984年の1282万トンであるが、現在でも559万トンを占めている。漁獲量でいえば世界第7位、養殖では世界第12位の位置にある。盛んな漁業に支えられ、日本人は動物タンパク質の40％を海産物から摂取している。

　さらに島国である日本は、輸出入貨物の99％を海上輸送に

〈資料0-0-1〉日本の領海等概念図
(海上保安庁ホームページを基に著者再構成)

依存している。日本人は、海なくしては、必要物資を日々調達することが不可能な暮らしをしているわけだ。

　海は、人類にとってそもそも重要であるが、日本に住む人々にとってとりわけて必要不可欠な存在である。その海について、我々はどのように子どもたちに教えてきたのだろうか。

2　「海」の教材としての優位性

　海が、人々の生活にとって必要不可欠であるとするならば、義務教育段階の教育において海をどのように教えるべきかが大きな課題として残されていることはこれまでにも指摘されてきた[1]。すでにアメリカには「Ocean Literacy」（海洋リテラシー）という概念が存在している。田口康大によれば、アメリカで作成されたOcean Literacyは、海洋科学教育センター・全米海洋大気局・全米海洋教育協会に所属する海洋学者と教育者が協同して2005年に作成されたものである。Ocean Literacyとは、「海が私たちに与える影響、そして私たちが海に与える影響を理解すること」であり、それを身につけた人は「海洋の本質的原理と基本概念を理解」し、「海について有効な方法にて伝えることができる」こと、さらには「海とその資源について良識そして責任ある決断を行うことができる」ことを指している[2]。海洋リテラシーは次の7つの原則によって成立し、幼稚園から高校3年生までに教えるべき体系的な知識として存在している。7つの原則は、以下の通りである[3]。

1. 地球は多くの特徴を伴った一つの大きな海である。
2. 海と海にいる生命が地球の特徴をつくっている。
3. 海は天気や気候に主要な影響を及ぼしている。
4. 海の恩恵によって地球は居住可能なものとなっている。
5. 海は生命とエコシステムの多様性を支えている。
6. 海と人類は、強固に結びついている。
7. 海は未だほとんど探究されていない。

海洋リテラシーでは、〈資料0-0-2〉のように、地球の大部分が海によって構成されていること、海がたとえば酸素の供給などを通して陸上の生物も含めて生息可能にしていること、生態系の多様性を支えていること、海が大部分未知なままにとどまっていることなどを、子どもすべてが共通教養として知るべき原則（principle）であると捉えている。

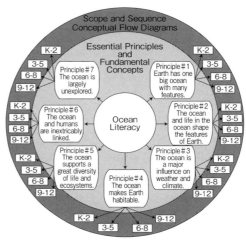

〈資料0-0-2〉海洋リテラシーに関するフレームワーク[4]を基に著者再構成

3　日本の海洋教育の問題点

それに対して、日本の学校教育では、海洋リテラシーが体系的に教育内容に組織されていないばかりか、「海」自体が教材としてほとんど取り上げられてこなかった。第4章で柳準相が作成したグラフをここに引用してみよう〈資料0-0-3〉。

これは、小学校学習指導要領の理科で、学習指導要領の文言中に、「海」という言葉が何回出てくるかを

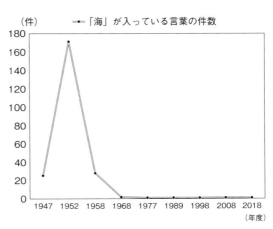

〈資料0-0-3〉改訂年度別の「海」が入ってくる言葉の件数

統計化したものである。戦後初期の1947年度と52年度こそ、「海」に関する教育内容が数多く組織されたが、特に1968年度以降は、小学校の理科教育でほとんど海洋が取り上げられていないことがわかるだろう。第5章で詳述することになるが、事情は中学校においてもほぼ同じである。

さらに付け加えれば、2007年に海洋基本法が施行され、その第28条には「国は、国民が海洋についての理解と関心を深めることができるよう、学校教育及び社会教育における海洋に関する教育の推進」を図ることが規定された。にもかかわらず、それ以降も、「海」に関する学習指導要領の言及は若干増えたとはいえ、断片的に「海」が取り上げられることはあっても、海はそもそもいかなる特徴をもっているのか、海が人類にいかなる影響を与えているのかなどを体系的に教えようとする単元は設置されてこなかった。

4 消えた海洋教育教材と本書の問い

ただし大急ぎで付け加えなければならないのは、例えば1945年の日本敗戦を画期とする戦後を例にとっても、海洋教育教材がすべての時期に教育課程に掲載されてこなかったという訳ではないという点にある。

先の図表からもわかるように、戦後初期には、小学校でも中学校でも極めて豊かな海洋教育教材が準備されていたのである。理科教育だけではなく、社会科教育、国語科教育など、教科全般にわたって、海が取り上げられ、海に関する基礎的知識や海をどのような存在と見なすべきかが子どもたちに提示され、さらには当時の経験主義教育の下、海について探究すべき様々な学習課題が組織されていた。1947年度・1952年度の学習指導要領は試案とされ、教科書の検定がゆるやかだったことも手伝って、教科書をみても、極めて多彩な海洋教育教材が準備されていたことがうかがえる。

にもかかわらず、1958年度の学習指導要領以降、次第に「海」に関する言及は、学習指導要領から消えていくことになった。だとしたら、我々が解くべきは、以下のような課題だろう。

1. 戦後初期の学習指導要領においては、いかなる海洋教育教材が準備されていたのかを、文部省著作教科書・検定済教科書を手がかりに検討すること。
2. 1958年度以降、海洋教育教材が教育課程から「どのように」消えていくことになったのかを検討すること。
3. 上記を踏まえて、我々は、現代において改めて、いかなる海洋教育教材を教育課程に組織すべきなのか、さらにはいかなる海洋リテラシーを構想すべきなのかを展望すること。

すでに海洋教育研究については、2007年に海洋政策研究財団（現、笹川平和財団海洋政策研究所）の設置した「初等教育における海洋教育の推進普及委員会」（委員長 佐藤学）において、「海洋教育に関する研究を積極的に推進すべきである」ことが提言されていた。本書は、この提言に基づいて、日本における学校教育の教育課程の展開史の中に、明日の海洋教育のヒントを探りだそうとする試みである。そのために本書は特に、戦後の理科教育についての分析を行う。

5　本書の構成

本書の構成は次の通りである。

海洋教育が最も豊かに展開されたのは、1947年度・52年度の学習指導要領（試案）の下に教育が展開された時期であった。この時期は、教科書としては、文部省著作教科書がまず出版され、続いて1948年から49年頃より、民間の教科書会社による検定済み教科書が出版されることとなった。そこで、第1章において、小学校と中学校における文部省著作教科書において、海洋教育教材がどのように登場していたのかを検討する。検定済教科書については、第2章において小学校を、第3章において中学校を取り上げている。これらを通して、本書では、当時において、理科教科書を通してどのような海洋教育が展開されていたのか、そのバリエーションの豊かさとともに明らかにしてみたい。

また、戦後70年の歴史の中で海洋教育教材がどのように取り上げられていったのか、なぜ海洋教育教材は理科教育の中で減少していくことになったのかを、

第4章において小学校学習指導要領の変遷をたどることで、第5章では中学校学習指導要領の変遷をたどることで明らかにしたい。

　これら本書の分析を通して、今日の学校教育に対していかなる提言が可能であるかについて最後に検討してみたいと思う。

　なお、引用文中の旧漢字・旧仮名遣いは基本的に新漢字・新仮名遣いに改めた。

（1）例えば、角皆静男「我が国における海洋リテラシーの普及を図るための調査研究」（財団法人新技術振興渡辺記念会平成19年度科学技術調査研究助成）、2008-2009年。東京大学海洋アライアンス海洋教育促進研究センター編『海洋教育のカリキュラム開発』日本教育新聞社、2015年。田口康大・日置光久「海と人との物語構築としての海洋教育」『自然体験学習実践研究』2巻2号、自然体験学習実践研究会、2017年など。
（2）田口康大「補論　海洋リテラシーに関する先行研究のレビュー」『全国海洋リテラシー調査─最終成果論文集』2016年、113ページ。
（3）（4）http://oceanliteracy.wp2.coexploration.org/?page_id=47
　閲覧日　2018年11月23日。

第1部

戦後初期にみられた豊かな「海」

——第1章——

文部省著作教科書における海洋教育教材

小国 喜弘
（東京大学）

　1945年を画期とする戦後の学校教育は、民間の教科書会社が教科書を編集し、それを文部省が検定するという、検定教科書制度を採用している。ただし、1947年から49年頃までのごく短期間は、戦前の体制を引き継ぎ、文部省自身が教科書を執筆する、文部省著作教科書制度を採用していた。その時期と、続く1950年代前半の検定教科書制度初期に、日本の学校教育史上、他に例をみない、豊かな海洋教育教材が理科教科書の中に準備されることとなった。本章では、文部省著作教科書における海洋教育教材を取り上げ、初期検定済教科書における海洋教材については、第2・第3章で取り上げることとしたい。

　本章で取り上げる文部省著作教科書についていえば、特に中学校では、中学2年生の理科教科書として、『海をどのように利用しているか』という一冊まるごと海を扱った、全91ページに及ぶ冊子が作成されている。また、小学校でも、複数の単元で海洋教育教材が取り上げられていた。

　これらを検討していくと、科学教育の対象として、海洋がいかに豊かな教材を提供してくれるのかについて驚きを感じざるを得ない。

　加えて、教科書に「海」が素材として取り上げられることは、その波及効果も大きなものだった。すなわち、海にまつわる少年少女の科学読み物が雑誌記事や一冊のまとまった本として数多く刊行され、さらに入試問題にも海洋教育教材が多数取り上げられることになった。特に新制高等学校の入試問題に海が取り上げられたことは、海について必ず勉強せざるを得ないという状況が受験生に与えられたという意味で大変大きな意味を持っていた。

　ただし、入試問題に取り上げられることはマイナス面も含んでいたようだ。

本来、文部省著作教科書は、問題解決学習の手本として作成され、子ども自身が興味をもち、自ら真理を実験や観察によって科学的に探究することを重視して作成されていた。しかし教科書の記述が入試問題の対象となることは、海について観察や実験を通して発見されるべき知識が項目化され、暗記学習の対象と見なされてしまうことでもあったからである。

　以下では、第1節において中学校の文部省著作教科書の海洋教育教材について、『私たちの科学9　海をどのように利用しているか』を中心に検討し、第2節では、小学校理科における文部省著作教科書の海洋教育教材を検討する。続く第3節において、再び『海をどのように利用しているか』に焦点を当てつつ、当時の教科書がどのような理念と経緯において作成されたのかを明らかにしてみよう。さらに第4節では、1950年前後における海洋教育に関する科学読み物の概要を、第5節では当時の理科の入試問題にどのように海の素材が取り上げられていたのかを検討したい。最後に第6節では、民間教科書会社である三省堂版の『海をどのように利用しているか』を分析し、文部省著作教科書との対比において検討してみることとしよう。

第1節　中学校文部省著作教科書における海洋教育教材

（1）中学校文部省著作教科書の発行

　1945年の敗戦を経て、1947年4月には小学校6年・中学校3年の合計9年間からなる義務教育制度が新たにスタートする。また1947年4月には新たに学習指導要領（試案）が文部省から発表され、学習指導要領に沿った新たな教科書の作成が教育行政における大きな課題となった。理科教育についていえば、文部省著作教科書『私たちの科学』は、以下のような全18冊で構成されていた。文部省は、小学校用教科書として、すでに国民学校期に使われていた『初等科理科』を一部修正して出版し、中学校用教科書の編纂にまずは注力することになった。タイトルを『私たちの科学』として以下に見るような18分冊の教科

書を単元ごとに出版することになったのである。

【第1学年用】
1. 空気はどんなはたらきをするか 1947.3.22
2. 水はどのように大切か 1947.11.5
3. 火はどのように使ったらよいか 1947.3.10
4. 何をどれだけ食べたらよいか 1947.3.15
5. 植物はどのように生きているか 1947.12.12
6. 動物は人の生活にどんなに役に立っているか 1947.12.22

【第2学年用】
7. 着物は何から作るか 1947.3.29
8. からだはどのように働いているか 1947.11.1
9. 海をどのように利用しているか 1947.3.30
10. 土はどのようにしてできたか 1947.9.30
11. 地下の資源をどのように利用しているか 1948.2.6
12. 家はどのようにしてできるか 1947.7.22

【第3学年用】
13. 空の星と私たち 1947.6.9
14. 機械を使うと仕事はどのようにはかどるか 1947.11.25
15. 電気はどのように役立っているか 1947.3.30
16. 交通通信機関はどれだけ生活を豊かにしているか 1947.9.27
17. 人と微生物のたたかい 1947.3.30
18. 生活はどのように改めたらよいか 1948.1.12[1]

　占領下、GHQによってユニット（単元）という新たな考え方が紹介され、理科教科書はユニットごとに一冊発行されることになった。板倉聖宣によれば、この中学生用の文部省著作理科教科書は、一冊の教科書が「自然の事物を生活上に利用する問題をテーマとして、それぞれ独立した内容」をもっていた点に特徴があった。それは『尋常（高等）小学理科書』のような「「筆記代用」的な性格のものでもなく」、また国民学校期の『初等科（高等科）理科』のよう

に「作業課題書」的な性格のものでもない、全く新しい特徴だった。さらに板倉は、当時の中学校文部省著作理科教科書について、「生活上近辺にある事物——たとえば、水、火、着物、家といったものの脈絡を追って、さまざまな科学上の問題を提起する」点に特徴があり、「私たちの身近かに感ずるさまざまな事物についてどのようにして疑問をいだき解決すべきか、ということを示す」ことを目指すという疑問の抱き方・解決の仕方を提示している点で、「問題解決学習の手本」として位置づくものだったと解説している[2]。

刊行された教科書のうち、海洋教育に特に関連していたのは、『私たちの科学9　海をどのように利用しているか』のほか、『私たちの科学 14　機械を使うと仕事はどのようにはかどるか』と『私たちの科学 16　交通通信機関はどれだけ生活を豊かにしているか』だった。以下、それぞれについて詳しく紹介していこう。

（2）中学校第2学年用教科書
　　『私たちの科学 9　海をどのように利用しているか』の構成

海洋教育に関する最もまとまった教科書は、1947年3月に発行された『私たちの科学9　海をどのように利用しているか』である。今回、本書の出版にあたり、巻末に復刻しているので参照してもらいたい。紙不足の時代につくられたため、B6判のざら半紙に印刷されており、カラーを使っているのは表紙のみ、あとは白黒で、いまの教科書と比較すると非常に簡素な印刷となっている。

すでに述べたように、『私たちの科学』は単元ごとに一冊発行された。つまり、『海をどのように利用しているか』については、91ページすべてが海洋教育に割かれているといえる。

教科書の構成は次の通りである。

　まえがき
　1.海洋
　2.海水の動き（海の波、海の満ち干、海流）
　3.海水の作用
　4.海水の成分

5.海洋と生物
むすび

　《まえがき》、1から5の《本文部分》、《むすび》のそれぞれについて、さらにその概要を紹介してみたい。

《まえがき》

　まず「まえがき」では、日本が海に囲まれていることから説き起こし、人口増加に伴って食糧難が深刻化し、海産物の重要度が高くなっているにもかかわらず、乱獲の度が過ぎ「沿岸漁業の将来が心配される状態」になっていることを指摘し、海洋教育の重要性を次のように強調している。

　　　海洋は陸地よりもはるかに広く、しかも、陸地を取りかこんでいるから、陸地に対して直接・間接にいろいろ重大な影響をあたえ、私たちの生活に大きな関係がある。しかし、現在知られている海洋の知識は決して十分でなく、なお、未知の世界がはなはだ多い。将来この未知のとびらを開く任務は、いわゆる海国日本の私たちの肩にかかっている。
　　　まず、近くの海について調べることにしよう。海が近くにない所は、なるべく機会をつくり海岸に行って研究するがよい。百聞は一見にしかずという。また、湖・河などで研究できることは、できるだけこれを活用して実際に調べるがよい(3)。

　当時の日本は、敗戦により兵士や海外移民の引き揚げ者によって人口が激増し、食糧不足が深刻化し、漁業資源への期待が高まっていた。まえがきでは、そのような状況にもかかわらず、乱獲によって漁獲高自体が減少傾向にあることを指摘し、海の仕組みについて知ることの重要性をまず訴えている。

《本文部分》

　「まえがき」部分で食糧難解決のために「海」を学ぶことの重要性を説いたからといって、本文部分でその解決を目的として学習を組織した訳ではなかっ

た。むしろ本文部分では、いわば純粋な科学的興味に基づいて海洋全般について学習できるように様々な教材が組織されていた。以下で詳しく本文部分を検討していきたい。

　本教科書は、その全体が、「海をどのように利用しているか」を主題とする一つの大単元を構成しており、その下に5つの中単元が設定され、さらにそれぞれが調査のための問いを示す「小単元」によって分節化されている。以下では、5つの中単元の下に設定された小単元の具体的な問いを紹介し、さらにそれぞれの問いがどのような領域をカバーしているのかを括弧内に示していこう。

1．海洋

　1．海と陸とはどのようにしてできたのであろうか
　　（海底の生成、沈積岩の分布、大陸の移動）
　2．海はどのくらい広いか（海の総面積、太平洋・大西洋の割合など）
　3．海の一番深いところはどのくらいの深さで、どこだろうか
　　（深度と漁業、海溝）
　4．海の深さはどのようにして測るか
　　（おもりの利用、音波による調査、海図の作成）
　5．海底ではどのくらいの圧力が加わるか
　　（気圧、深海魚と水圧、人が潜れる深さ、潜水病）
　6．海の中はどのあたりまで明かるいか
　　（透明度、水質と光の通過、透明度の測り方）
　7．海はなぜ青いか（水の色と光の屈折）
　8．海水の温度はどのくらいか
　　（季節による変化、一日の変化、蒸発作用と温度）

2．海水の動き

〔海の波〕
　1．ある時は私たちを慰め、ある時は恐怖の底に引き込む波、この波は
　　どうして起るのであろうか（波の波長、速さ、高さ）
　2．いそ波はどうしてできるか（海底の形状との関係）

３．津波やうねりはどうして起るか（地震や台風との関係、土用波）

〔潮の満ち干〕

１．潮の満ち干はどんなふうに起るか

（満ち干の様子、太陽や月の位置との関係）

２．海の浅い所はどんなに利用されているか

（海藻・魚類の養殖、プランクトンの豊かさ）

３．潮流とはどんなものか

（一日の変化、満潮・干潮と潮の速度、鳴門の渦潮）

〔海流〕

１．海流はどのようにして調べるか

（ヤシの実など漂流物への注目、流速計の仕組み）

２．海流はどうして起るか（塩分と海水の密度、地球の自転と風）

３．黒潮・親潮はわが国にどんなに影響をあたえているか

（海流図、黒潮・親潮の流れ、潮流と海水温）

３．海水の作用

１．海岸は海水によって、どんなに変化するだろうか

（海岸線の形と地質、大陸だな・離れ岩などの奇景・砂州、火山灰・

生物の死骸などの堆積）

４．海水の成分

１．海水の中にはどんなものが溶けているか（海水の成分調べ）

２．海水の塩分はどうしてできたか

（火山の作用、含有物の資源としての可能性）

３．食塩はどのようにして作るか（様々な製塩法、日本の塩田法）

４．食塩はどんな元素からできているか（実験の紹介、食塩水の電気分解）

５．食塩はどんなに有用か（食用としての重要性、アルカリ工業の最大の基

礎原料、家畜の飼料、魚肉・獣肉などの塩蔵、かせいソーダの性質と作り方）

６．海水の中には気体が溶けている。それは、どんな働きをしているだろう

か（酸素・炭酸ガスの役割、魚や植物の生育環境）

5．海洋と生物

1．海の生物は陸の生物とどんなに違うか（水温・塩分・日光・海流・水深などによる生物の違い、陸上動物と魚の違い）

2．海そうはどんなに利用されているか（ワカメ・コンブなどの利用、カリウムから肥料を、ヨウ素から医薬品・写真用の薬品を、テングサからところてんを、フノリからのりをつくる）

3．プランクトンとはどんなものか（プランクトンと赤潮、光との関係）

4．波打ちぎわの生物はどんな生き方をしているか（カキの養殖、岩につくカイメン・イソギンチャク、ウニの生育環境、ワムシ、マキガイなど）

5．魚はどんな所に多くすむか（プランクトンと漁場、海の深さ・海底の形・水温・塩分・海流・潮目などの影響）

6．黒潮に乗る魚類（大輸送路としての黒潮、カツオ・マグロ・メバチ・キハダ・ウナギ・クジラ）

《むすび》

3ページにわたる「むすび」でまず書かれているのは、自然を利用するためには自然法則を知る必要があること、故に「海を利用するためには海をよく知らなくてはならない」ことである。それを踏まえて、次のように結んでいる。

　　　海は、どんなに私たちの生活に影響をあたえているか。海を理会することは、真に海を利用することのできる第一歩である。現在私たちは海の幸のほんの一部を利用しているに過ぎない。その利用の程度は低く、非常に不十分である。もっと海を研究し、海に親しみ、この大自然のふところに飛びこみ、とけこんで行くことこそ、海国日本の名にふさわしい私たちのとるべき態度ではなかろうか[4]。

　日本という国家の資源不足状況の中で、資源を増やすには、海をよりよく知る必要があるとし、海について理科で学習することの社会的な意義を説くことで、海洋への生徒の理科的な興味関心を改めて喚起して、教科書が閉じられている。

(3)『海をどのように利用しているか』における叙述の特徴

　教科書の叙述の特徴として、中単元タイトルでその中単元の主題を提示し、小単元タイトルは原則として疑問文形式となっており、本文の叙述ではその疑問を解くための調査・研究方法が紹介されている。たとえば第2中単元「海水の動き」の第1小単元を例にとって説明してみよう。この小単元のタイトルは、「ある時は私たちを慰め、ある時は恐怖の底に引きこむ波、この波はどうして起るのであろうか」となっている。ここでは、やや詩的ともいえる表現の中で疑問が生徒に提示されている。

　続く本文部分では、まず、静かな水面に小さな木片を浮かべて、石を水中に落とし「波の進む方向と木片の動き方とを注意して見よ」という「実験」が示されている。それに続いて、実験結果を理解するための周辺知識として、木片は波のまにまに上下するとともに、波の山に浮かんだ時は波の方向に、波の谷に沈んだ時は後方に「一進一退する」ことを説明し、次のような波長の図が提示されるのである〈資料1-1-1〉。

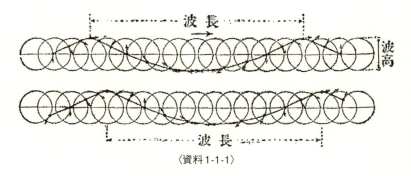

〈資料1-1-1〉

　さらに文章によって、波は水の各部が順次、円運動をすることによって起こること、「波高」が円の直径に等しい高さの水の動きによって作られること、さらに動いている水の円の半径は深いほど小さくなり、波長と同じだけの水深があるところでは、およそ表面の500分の1であることなどが紹介されていく。どんな大荒れの時も水深400メートル以上で「全く静か」だという。また、波の大きさを測ることは非常に難しいこと、船の上からでは実際よりも大きく見

えてしまうことを、次のような図を用いて説明している〈資料1-1-2〉。

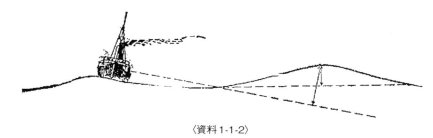

〈資料1-1-2〉

　船が波によって横に傾くことで、波の高さが実際よりも高く見えてしまうというのである。小単元は、さらに普通の波の速さ、波長、周期などについて説明したあとで、「波の階級表」を示して終わっている。
　以上のように、教科書の叙述は、海の様々な場面を題材として取り上げ、それについての疑問や問題を提示し、実験や観察を通して、その疑問や問題の解決を生徒に促そうとする、問題解決学習の体裁をとっていた。興味深いのは、理科的な知識を伝授することを中心的な目的とするのではなく、子ども自身が、日常生活では当たり前とされているような事柄について、理科的な目を通して、疑問を提起し、観察や実験を通して日常に潜む科学的な法則を自ら発見することが重視されていたという点にあるだろう。
　このような特徴的な教科書がなぜ作成されることになったのかについては、後節で検討してみたい。

(4) 中学校第3学年用
『私たちの科学14　機械を使うと仕事はどのようにはかどるか』

　海は、中学校2年生用の『海をどのように利用しているか』の教科書の他には、中学校3年生用の二つの大単元の中で取り上げられている。その一つ、教科書『機械を使うと仕事はどのようにはかどるか』の中でも、「船と機械」という小単元の中で海が取り上げられていた。「船はそれ自身機械であるだけでなく、ポンプ・送風機・巻き上げ機械・工作機械・冷凍機等を備えた、一つの機械化された社会」であるという興味深い定義とともに、船に関する説明は始まっている。船にどんな機械が使われているかについて、主に機関の改良の歴

24　　●第1部　戦後初期にみられた豊かな「海」

史について触れた後、かじを動かす機械や、給水ポンプ・排水ポンプ・送風機、冷凍機、さらには船の揺れを止めるための機械についてまとめている。ここでも「問」いが6問設けられているが、ただしこの教科書については、これまで取り上げたふたつの教科書と異なり、全体的に知識を整理して示そうとする傾向が強かった。

（4）中学校第3学年用
『私たちの科学16 交通通信機関はどれだけ生活を豊かにしているか』

　大単元『交通通信機関はどれだけ生活を豊かにしているか』では、通信や交通が日常生活にどのように寄与するかについて学ぶことを目的としている。海洋に関する箇所として、「船の特徴は、どんなところにあるであろうか」という中単元が設置されている。まず、船の機関として「蒸気タービン」「焼玉機関」「ジーゼル機関」などがあること（(1)船はどんな機関で動かすか）について学び、次に船の形を決める際には水の抵抗をいかに少なくするかが考慮され、さらに重心の高低で安定度が変わることを学ぶ〈資料1-1-3〉。最後に、「(3)船の大きさはどのようにして表わすか」で、大きさを表すために重量トンと、容積トンがあることなどを学ばせている。

　ここでもできるだけ実験や観察などを用いて、できるだけ具体的に考えさせようとしている点が特徴的だ。例えば、船の摩擦による抵抗を考えさせるために次のような「研究」が指示されている。

　　研究
　　　船の模型を作り、水面に浮かべ、糸で引いてどんな波ができるか調べてみよ。
　　　船首・船尾に注意せよ。
　　　速く引いた時と遅く引いた時ではどう違うか。
　　　船の形によってどう変わるか[5]。

　また、いろいろな形の船の模型を作り、船の安定性について考えさせようとする「実験」も準備された。

実験

切り口の違ういろいろな形の船を作り、どんな形が安定か調べてみよ。
重心の位置が高い場合と、低い場合とではどうか[6]。

船に関する小単元だけで、「問」いが13、発展的に考えたり調べることを求める「研究」が4、実際に模型などを作成してやってみることを重視した「実験」が2準備されており、子どもたちが交通機関としての船について主体的に考えるための糸口を提供することが教科書の役割となっていることがうかがえる。

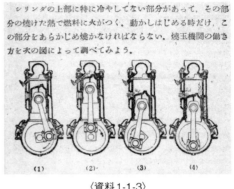

〈資料1-1-3〉

第2節　小学校理科教科書『理科の本』『小学生の科学』における海洋教育教材

　小学校理科用の文部省著作教科書は2種類発行されている。まず、1947年度から48年度に、国民学校期に編纂された『初等科理科』の軍国主義・超国家主義部分を削除した暫定的な教科書として『理科の本』が小学校4年生以上で発行された。続いて、占領軍の指導の下で全く新たに編纂された『小学生の科学』が1948年度から1953年度にかけて発行されることとなった。『小学生の科学』は、1から2単元ごとに一冊の編集となっている。発行されたのは『理科の本』と同じく小学校4年生以上であった。以下、『小学生の科学』に即して、どのような海洋教育教材が準備されることになったのかを検討していこう。
　まず、『小学生の科学』では、以下のような教科書が発行されることになった。

【第4学年用】

私たちのまわりにはどんな生物がいるか 1948.5.30

生物はどのように育つか 1948.4.30

空には何が見えるか・地面はどんなになっているか 1948.6.7

湯はどのようにわくか・かん電池はどのようなことができるか 1948.11.30

どうしたらじようぶなからだになれるか 1948.6.10

【第5学年用】

生物はどのように生きているか・生物はどのようなつながりをもっているか 1949.7.30

天気はどのように変わるか・こよみはどのようにして作られたか 1949.3.10

音はどうして出るか・物はどのようにして見えるか 1949.7.10

電じしゃくはどのように使われているか・機械や道具を使うとどのように便利か 1950.7.10

よいたべ物をとるにはどんなくふうをすればよいか・すまいやきものは健康とどんな関係があるか 1949.10.15

【第6学年用】

生物はどのように変わってきたか・生物をどのように利用しているか 1949.5.15

地球にどんな変化があるか・宇宙はどんなになっているか 1949.9.20

物の質はどのように変わるか・電気を使うとどんなに便利か 1949.9.30

交通機関はどのようにして動くか 1949.2.10

からだはどのようにはたらいているか・伝染病や寄生虫はどうしたら防げるか 1949.12.15 [7]

　中学校の教科書は表紙のみが2色刷りで本文はすべて黒の1色刷りだったのに対して、小学校はオフセット印刷4色刷り、写真植字採用で、岡現次郎によれば「美しい、子どもの読む本として親しみのある、旧来の教科書の型を破った」ものだった[8]。

　海洋教育という観点からいえば、海について単元まるごとを割いた教科書が小学校用として作成されることはなかったものの、様々な単元の中に海洋に関

する記述を見いだすことができる点において特徴的である。以下、海洋が取り上げられた教科書について具体的に紹介していきたい。

(1) 第4学年用
『小学生の科学1　私たちのまわりにはどんな生物がいるか』

　教科書は、「春の花・虫・小鳥」「まきばの動物」「家をおそう小動物」「夏野の山」「池や小川の生物」「海の生物」「秋の野山」「島を愛しましょう」「生物の冬ごし」などの小単元にわかれ、三ちゃん、ゆりちゃん、健ちゃん、みいちゃんの4人が様々な生物を観察していく読み物教材の体裁をとって編集されている。小単元「海の生物」では、はまべの家に住んでいるゆりちゃんが、いそに出かけ、ふなむしやはぜ、やどかりなどの様子を観察する記述から始まっている。この小単元では、これら「いそのどうぶつ」の他に、「さかな」や「かいそう」の様子についても紹介され、海にどんな生物がいるのかを広く概観しようとしている〈資料1-2-1〉。

〈資料1-2-1〉

(2) 第5学年用『小学生の科学　生物はどのように生きているか・生物はどのようなつながりをもっているか』

　単元「生物はどのようにして生きているか」の中で海に関する教材は、「動物はどんなえさをどのようにしてとるか」と「動物はどんな運動をするか」の小単元で登場している。餌のとり方では、通常、動物は「あちらこちらを」探しまわる必要があるが、「じっとすわっていて　えさのとれるもの」が海にはたくさんいるとして、その例として、さんご、いそぎんちゃく、かいめん、か

きなどを挙げている。小単元「動物はどんな運動をするか」では「魚の泳ぎ方」をとりあげ、ひれの重要性に着目をしている。図では、様々な魚のひれの形を取り上げ、ひれが魚の生態に応じて多様であることを子どもに印象づけようとしている〈資料1-2-2〉。

〈資料1-2-2〉

(3) 第6学年用『18 生物はどのように生きているか・19 生物をどのように利用しているか』

「生物はどのように変わってきたか」という単元は、進化論を子どもに理解させることを目的として作成されている。無生物時代、太古代、古生代、中生代、新生代など生物進化の過程が系統的に説明されており、そのなかで「せぼねをもった動物の中で、最初に地球上にあらわれたのは魚類」であるとし、古生代の中に「魚類時代」が位置づけられている。

単元「生物をどのように利用しているか」では、食用動物を取り上げた小単元でくじらを取り上げている。くじらの赤い肉は食用に、脂肪は食用と油にすること、「くじらのからだで、利用されない所はありません」として、くじらが非常に有用な動物であることを強調した。

また、小単元「天然の保護」では魚や貝の保護について取り上げ、こい、さけ、ます、かき、しんじゅ、あさくさのりの養殖を図入りで紹介している〈資料1-2-3〉。

第1章 文部省著作教科書における海洋教育教材　29

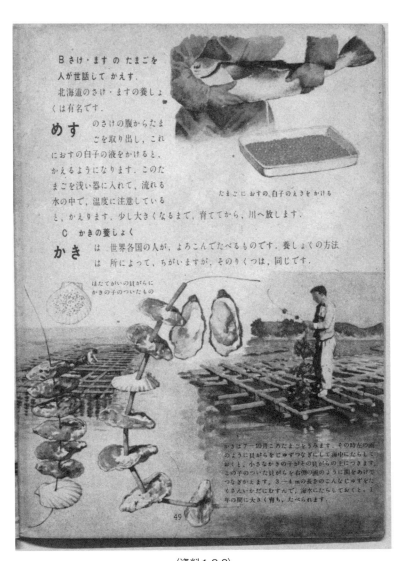

〈資料1-2-3〉

30　◉第1部　戦後初期にみられた豊かな「海」

第**3**節　文部省著作教科書作成の経緯

本節では、以上のような教科書が作成された背景を改めて整理してみることとしよう。

（1）戦後理科教育の理念

敗戦からちょうど1ヶ月が経過した1945年9月15日、文部省は「新日本建設の教育方針」を発表している。そのなかで文部省は科学教育の振興について次のように述べていた。

> 科学教育ノ振興ヲ期スルコトハ勿論デアルガ然シソノ期スル所ノ科学ハ単ナル功利的打算ヨリ出ヅルモノデナク悠遠ノ真理探求ニ根ザス純正ナ科学的思考力ヤ科学常識ヲ基盤トスルモノタラシメントシテイル[9]。

文部省は、教育の再建にあたって、科学教育振興は当たり前のことであるとした上で、功利的な打算に基づくのではなく、真理の探求に根ざす純粋な科学的思考力や科学常識を養うことの重要性を強調した。文部省は同月に科学教育局を新設し、翌10月にはこの教育方針の講習会を中央・地方で開始した。また、1946年3月に来日した米国教育使節団は、4月に報告書を提出し、その中で科学教育の重要性について次のように述べている。

> 物理学及び生物学は自然界の事象を明らかにするものとして、それ自身のためならず、日本の復興に必要な技術及び職業にとっても本質的な根拠としても、明らかに重要なものである。然しながら、教育においては、科学がもたらす結果よりは、科学的な性格というものが、国民の福利にとつて一層重要なものであるということは、現代の、世界共通の経験からして、一言警告に値することである。この性格は、証拠の前には従順を必要とし、事実を蓄積するという困難な仕事に対しては忍耐を必要とし、さらにその発見を分け合つてその内奥の

第1章　文部省著作教科書における海洋教育教材　　31

　科学精神から生じる技術学上の成果を、一般の使用に供する上においては協調
　的な精神を必要とする(10)

　ここでは、産業復興のための科学振興という目的以前に、実証主義に基づく「科
学的精神」こそが新たな社会建設にとって重要であることを「国民の福利」と
いう言葉を使いながら強調している。使節団報告書は、文部省の「新日本建設
の教育方針」からさらに一歩踏み込んで、科学的思考が、いわば民主主義の基
盤に据えられるべきものであることを日本政府に対して提示することになった。
　文部省は使節団報告書を受けて、1946年5月から1947年にかけて、『新教育
指針』を発表している。第三分冊『第一部　後篇　新日本教育の重点』の第四
章として「科学的教養の普及」が論じられ、そのなかで科学教育をどのように
振興すべきかが書かれている。それによれば、まず日本国民の科学に対する関
心と理解の弱さの背景に、様々な「不合理な風習」が存在し、「日常生活を科
学化することに不十分」であり、かつ「権威や伝統に盲従して、これを批判す
る態度がとぼしく、感情に支配せられて、理性をはたらかせることが少く、目
や耳にふれぬ無形のものを尊敬して、物事を実証的にたしかめることが不得手
であり、ぼんやりと全体を考へるだけであって、細かに分析して考へるところ
にまで進まない」日本人の気質を批判している。
　その上で、「科学的教養を普及させる」ためには、まず「日常の出来事に科
学的精神をはたらかせること」を『新教育指針』は強調する。学校では、「科
学研究の結果として得られた知識や法則を、暗記させるのではなく、科学研
究の過程そのものを重んじ、その過程を通じて、科学的な方法を身につけさせ、
態度を養はねばならぬ」とし、「そのためには、まづ自然が与へる機会を、よ
く利用することが望ましい」と説く。例として雪の降る日に雪の結晶を観察さ
せ、霜柱の立ちそうな夜に霜柱を、日食や月食の夜に、それを観察させるとい
うように、「機会をとらへる」ことが重要だというのである(11)。
　海の事例が直接引かれているわけではないが、自然をよく観察させることを
出発点として、日常の出来事に科学的精神を働かせることにより、実証的・合
理的な科学的精神を養おうとする指針こそが、海の教科書を登場させた背景に
はあったものと想像されるのである。

(2) デューイ・シカゴ実験学校の教科書の影響

　以上のような国内での科学教育再建に向けた動きに加えて、GHQ（連合軍最高司令官総司令部）による占領下であったことから、教科書作成にあたってはCIE（QHQ内の民間情報教育局）による指導が行われた。理科についていえば、米国の科学教科書が紹介され、それが『小学生の科学』や『私たちの科学』の編纂に大きな影響を及ぼしたとされている。広島大学の柴一実がその詳細な研究によって明らかにしたところによれば、このとき日本側に紹介された米国科学教科書『基礎科学教育叢書(The Basic Science Education Series)』は、「B. M. パーカーがシカゴ大学実験学校の科学授業で用いられた、謄写版印刷の自作教材をもとに作成された」ものだった。

　デューイが実験学校を開校したのは、1896年のことだった。教員2名、生徒16名で開校し、1898年には幼稚園も発足し、園児、生徒は95名となっている。シカゴ大学の附属となったのは1901年のことだった[12]。

　そもそもデューイが実験学校を設立した意義は何だったのか。田中智志によれば、「デューイの目に映った当時のアメリカ社会は、巨大資本家の政治支配や、賃金労働者への不当な搾取に満ちていた」のであり、「教育はこうした深刻な社会問題を解決するための主要な手段であり、学校は社会変革の拠点」だった。デューイは、社会問題の解決を「科学的思考」（実証主義）の拡充に求め、シカゴ実験学校の教育実践においても「科学的思考」を重視したとされる。ここでいう科学的思考とは、「仮説を立て、それを実験し、実証された仮設だけを理論として活用する」実証的な思考法であり、そうした思考こそ「人びとが現実の曖昧模糊とした世界から離脱し、より適切な問題解決を行ううえで不可欠」だった[13]。

　デューイのデモクラシー概念について田中は、「いわゆる『科学的思考』が前提にすべき生の本態」であると述べている[14]。シカゴ実験学校において、科学的思考を生徒に育む中心的役割を果たしたのが、パーカーだった。

　柴の研究によれば、1890年にアメリカ・イリノイ州で生まれたベルサ・モリス・パーカー（Parker, Bertha Morris）は、シカゴ大学での理学士号取得後、1916年から55年までの約40年間にわたって、シカゴ大学実験学校で科学教師の仕

事にあった。1940年からは同学校の科学学科長となった。

柴は、パーカーが考えていた、科学教科書が満たすべき条件とは次のようなものだったと述べている。

(1) 学習内容をチェックする内容、(2) 問題解決を図るための正確な科学情報、
(3) 実験や観察などの直接経験、(4) 科学的探究や科学者に関する物語、
(5) 現代社会で科学の果たす役割や技術的応用に関する物語、
(6) 余暇を利用して、さまざまな科学活動を行うための具体的な提案、
(7) 神話や迷信に関する話題提供[15]

パーカー編著による『基礎科学教育叢書』は、こうした条件を満たすものであり、1940年代から50年代にかけてシカゴ、ニューヨーク、ロサンゼルスなどの科学教科書として広く採択され、合計3500万部を売り上げた。

デューイの影響下において作成されたパーカーの理科教科書は、日本の教育の民主化を目標とするCIEの担当者によって紹介され、文部省著作教科書に影響を与えることになったのである。

(3) 中学校文部省著作理科教科書『私たちの科学』作成の経緯

以上のように、文部省は敗戦直後から、真理の探究を理科教育の目的であるとし、科学的精神の培養やそのための具体的な科学的探究方法の獲得を重視して理科教育の改革を構想していた。CIEが紹介した科学教科書は、科学的思考による実証こそが民主主義の基盤に据えられる必要があるという前提において、作成されていた。これらをもとに、文部省は、どのように教科書の編纂を進めることになったのだろうか。

中学校理科教科書『私たちの科学』の編集の中心にいたのは、文部省図書監修官岡現次郎だった。岡は1901年に愛媛県松山市に生まれている。1918年旧制松山高等学校理科乙類に進学、1923年に東京帝国大学理学部植物学科に入学した。1926年の卒業と同時に大学院に進学、1927年に大学院を満期退学し、東京帝国大学助手として、理学部植物学教室勤務となった。岡が文部省に転出したのは1938年だった。当時理科の監修官だった桑木来吉が東京帝大理学部

34　　●第1部　戦後初期にみられた豊かな「海」

化学科出身であったことから、生物領域の研究者であった岡に白羽の矢が立った。岡が携わったのは、国民学校の理科教科書、戦後の『学習指導要領　理科編』(1947年)、中学校理科教科書『私たちの科学』(18冊)と小学校理科教科書『小学生の科学』(15冊)だった。岡によれば、教科書の執筆は、短期間で教科書の編集をする必要に迫られたため、「教科書局の理科関係のメンバーが総動員された」。メンバーは大島文義、稲沼瑞穂、永田義夫、大橋秀雄、谷口孝光、関利一郎の六人だった。その点について、岡は次のように当時を回想している。

　　私としては戦争中に国民学校高等科理科（一）と（二）を編集した経験があるので気は楽であった。この高等科理科（一）と（二）は、義務教育第7及び第8学年用であるから、この上に第9学年を1学年分つぎ足せばよいと考えたからである。高等科理科の考えを発展させればよいという考えが根本になっていた。すなわち、国民学校の皇国の道の修練として教育するという帽子を変えなければならないのはいうまでもないが、それ以下の理科教育の根本方針は、たいして変化させないでよかろう、ただし取材の範囲はぐっと拡げる必要があろうと考えていた。しかし、わずか数ヵ月間に3学年分の教科書を作るのであるから、当時の文部省教科書局内の理科の図書監修官には全部仕事をやってもらうことにした(16)。

　当時、教科書編集に参加した者たちも同様の回想を述べている。　岡現次郎の追悼座談会『岡先生と理科教育』で永田義夫は当時を振り返り、「当時文部省にいた係の者は全部が書きました。私どもが3単元ぐらいずつ書いています。それから、足りない部分はおもてに。いま申しましたように、専門家でないと書けないものは。」と回想している。ただし記憶も曖昧になっているようで、大橋秀雄は「おそらく、中の人たちはそれぞれ少くとも1冊は書いていると思うんです。」といい、それに対して永田が再び「2冊は書いていませんか。岡さんでしょう、永沼瑞穂君、谷口君がいまして、我々仲間は全部で6人ですからひとり2冊ずつとして12冊」と述べている(17)。

（4）『海をどのように利用しているか』については、編纂の経緯が不明

　以上を踏まえて、海洋教育として構成された『海をどのように利用しているか』がどのように編纂されたのかについてさらに考察を加えようとしたが、結果的に編纂の経緯を明らかにすることはできなかった。まず、先の6人の図書監修官の中で地学の専門家は、関利一郎であるが、関自身の回想によれば、関が文部省教科書局第二編修課に着任したのは、1947年7月で、その理由は「当時の理科担当者に地学を担当する者がいなかったため」だという。そのため関は1947年3月に刊行された『海をどのように利用しているか』には直接関係していないこととなる[18]。

　また、関係者の回想の中に、『海をどのように利用するか』の執筆者を特定する直接の情報は出てきていないが、先の座談会では、永田、大橋、岡の3人の監修官が担当した単元が記録されているので、これら3人の執筆ではなかったことも推測される。となると、稲沼瑞穂か谷口孝光が編集を担当した可能性が高いが、稲沼は電気の専門家で谷口は化学の専門家だったことから、海洋教育として構成された『海をどのように利用しているか』は、外部の専門家に依頼して執筆された可能性が高い。

　さらに、教科書執筆に際しては、先に岡が回想しているように国民学校期の『高等科理科』を参考にしたり、また、先に紹介したThe Basic Science Education Seriesが種本として参考にされるケースなどがあったようだ。

　『海をどのように利用しているか』については、高等科理科1にも高等科理科2にも、参考にできるような教材は登場していない。特に高等科理科2は、草稿が作成され、組版段階まで進んだようだが、校正が1945年3月まで行われたものの、戦局の悪化により、発行されなかった、幻の教科書となっている。その教材構成については、先行研究での記述が見られないが、先にも引用した岡現次郎追悼出版の中で井口尚之が、岡の手許に清刷が残っていたとして、その内容を次のように紹介している。

　　　1　防空　（1）焼夷弾、（2）毒ガス、（3）食塩ト工業
　　　2　船・飛行機ノ材料　（1）船ノ形ト材料、（2）材料ノ形ト強サ、（3）金属材料

36 　●第1部　戦後初期にみられた豊かな「海」

　　3　内燃機関
　　4　地下資源
　　5　電池　（1）ラジオノ電流、（2）回路ノ要素、（3）電波ト受信、（4）真空管、
　　　（5）電波科学
　　6　国民ノ体力　（1）人口、（2）生命ノ保全、（3）生命ノツナガリ
　　7　研究の整理[19]

　かなり戦時色の強い教材構成となっており、「船の形ト材料」が海に関連す
る教材となっているが、『海をどのように利用しているか』には、船の形や材
料を取り上げていないことから、『高等科理科2』との関連は事実上ないもの
と推測される。
　また、The Basic Science Education Seriesにも、海に関連しそうな教科書
は見いだすことができない。『海をどのように利用しているか』が誰によって
どのように編纂されたのかについては、今後に課題を残すこととなった。

第4節　教科書から派生した様々な資料の編纂

　教科書に海洋教育教材が取り上げられたことは、単に教科書を使って子ども
が海について学ぶようになるということだけを意味した訳でなかった。教科書
の補助教材や教科書の学習参考書、様々な学習読み物など多様な活字メディア
に海がこの時期取り上げられていくことになったことに注目しておきたい。以
下では、教科書補助教材、学習参考書、自由研究の手引き、読み物教材に分け
つつ、海洋教育教材がどのように教科書の周辺で準備されていくことになった
のかを紹介してみよう。

（1）教科書補助教材

　戦後の物資不足にあって、教科書は一人一冊配布されたわけではなかった。
たとえば、『小学生の科学』について「はじめは各クラス数冊ずつしか配給さ

第1章　文部省著作教科書における海洋教育教材　37

れなかったので、学校で保管し、共同で使用したから、みんな大事に使った」という回想がある[20]。おそらく中学校の教科書も同じような状況だったと思われる。

そのような中にあって、例えば中学生用の読み物雑誌に教科書のダイジェストが掲載されることになった。『中学生文学二年生用　文学的興味豊かな学習雑誌』は、1949年6月と7月の2回にわけて『海をどのように利用しているか』を取り上げている。冒頭で「そのほかの教科書が、まだできていないので、私たちの科学の海について勉強しよう」というリード文がつけられている。ただしそれは、教科書の完全なダイジェストではなく、単元の展開を追いながらも、教科書のエッセンスを（教科書が使用していない）別の資料を用いて説明している。例えば、「食塩はどんなに有用か」の説明を抜き出してみよう〈資料1-3-1〉。

　　皆さんは、仕事や運動をして汗だくになつたとき、何かの拍子に汗をなめて見た事がありませんか。汗には食塩がはいつているのです。つまり、食塩は働くのになくてならない養分になつています。（普通の人は、1年間に約10kgの食塩が必要です。）図をごらんなさい。食塩は、体の栄養分になるほか、こんなに広く使われているのです[21]。

〈資料1-3-1〉

教科書では、「家庭では食塩をどのように使っているか」などの観察・調査を冒頭で指示して、食塩が体に大切なことを強調した上で、アルカリ工業の最大の基礎原料でもあるとして、炭酸ソーダやかせいソーダの製造法や性質に言及し、化学の世界へと子どもたちを誘っている。対して、『中学生文学二年生用』では、文字では体にとっての有用性の情報にとどめ、ソーダなどについては上のような図の中に含め、視覚的に簡単に捉えさせることを重視していた。

(2) 理科学習事典

『理科学習宝典』（浅見喜平著、青雲書院、1948年）など、小中学生用の理科学習事典にも7ページにわたってまとまった量の海に関する知識が掲載されることになった。「海水中の塩分とその成分の割合」「海の波」「潮」について、詳しく知識が整理されている。

(3) 夏休み自由研究用ガイドブック

児童科学教育振興会は『夏休みの理科研究』（文化書院、1948年）を夏休みの自由研究用のガイドブックとして出版している。そのなかで6ページにわたって、砂地の動物、岩地の動物、海岸の植物、海岸での研究などについて、その観点と魅力が説明されている〈資料1-3-2〉。例えば「砂地の動物」では、様々な小動物を具体的に取り上げて子どもの観察への興味を引こうとする記述となっている。

〈資料1-3-2〉
『夏休みの理科研究』に掲載された海岸の生物のイラスト

　　潮のひいた砂地の動物で目につくのはカニの類でしょう。巻貝がのこのこ動きだすのでびっくり

第1章　文部省著作教科書における海洋教育教材　　39

してよくみるとそれはヤドカリです。シオマネキが穴から餌をさがしています。潮がみちてくるころになるとはさみを上げたり下したりして、まるで潮をよんでいるようにみえるのでこの名がつきました……[22]。

　この後、テッポウエビ、スナガニ、オサガニ、コブシガニ、アカテガニ、ベンケイガニ、アシワラガニ、などの生態について説明し、「カニはアルコール漬の標本にしますが、今はアルコールが高価ですから、こうらをはがして肉や腹わたをとり乾燥標本をつくるのがよいでしょう」と、標本の作り方にまで記述が及んでいる。

（4）理科学習読み物

　清水書院から出された「理科シリーズ」の一冊として『海と私たち』という本が刊行されている。この理科シリーズは、「理科教育に堪能で、経験の深い専門の諸先生方」が執筆したもので、『海と私たち』については、佐藤喜正の編集になる。教科書をより深く勉強するための参考書という位置づけで、「説明は日常身辺の問題から出発点を求めたこと」、「知識を確実にするため多数の代表的な問題を別に集め、解答またはヒントをつけたこと」、巻末に「自由研究」を掲載し、「すでに学んだ知識の発展と、興味を増すことに心がけた」としている。

　実際の記述をみると、知識の整理に力点が置かれ、「試問」も「自由研究」も本文内で説明された知識に基づいて解答する問題となっていた。

　例えば、「(6)海の波」では次のような試問がある。

　試問
〔1〕　波の速さ（波の山が移動する速さ）を毎秒 v m、波長（山と山の距離）を
　　　 l m、周期（一つの波の山が去ってから次の波の山が来る迄の時間）を t 秒と
　　　する時、この三者の間にはどんな関係があるか。
　　　　〔ヒント〕　今かりにAにあった波の山が1秒後にはBに来たとし、AとBの
　　　　　間にある波は3個であるとする。さうすると周期は1/3秒となり、波長
　　　　　を100mとすれば、波の速さは100×3即100÷1/3となる。以上の数

40 ●第1部 戦後初期にみられた豊かな「海」

にv、1、tをあてはめて見ればv＝1÷t 即 1＝v×tとなる。
〔2〕満潮の時台風が吹くと災害が大きいというのは何故であろうか。

自由研究
〔1〕同じ強さの風でも広い素面に立つ波の方が狭い水面に立つ波より大きいの
はどうしてであろうか。
〔2〕たい風（颱風）という語源について研究してみよ（語源は支那から出たもの
である）(23)。

どの問いも、教科書や参考書を調べて正解を見つけるタイプの問題で、実験
や観察によって追求するタイプのものではなかった。

(5) 子ども用科学雑誌

小中学生用の科学雑誌でも「海」が特集されている。『こども科学教室』2 (8)
では、「海にはどれだけ深く潜れるか バケ物のような深い海の生物」「おもし
ろい浮沈子あそび 魚や潜水艦もこのりくつから」「科学小説魚付林」が掲載
されている。

そのなかで「科学小説魚付林」を紹介してみよう〈資料1-3-3〉。この小説は
読者から募集し入選した作品で、中学校の生徒の発案で、村の岬に岩を沈め、
魚付林を作ろうというもので、青年団や村長が協力する中で実現に向けて進ん
でいくというストーリーであった。

登場人物のひとりとして村長は次のような発言をしている。

本日皆さんにお集り願つたのは、当村の学生と青年団の人たちが、こ
の村将来の繁栄のためを思つて、大へんよい事業を行つています。そこで、
これをわれわれ老人たちが見捨てておくことは民主主義にあわないような
気がいたします。ついては何かわれわれどもも当村の将来を思えば、なん
らかの協力がいたしたいと思いますが、皆さんどんなものがありましょ
う(24)。

村長の台詞も、独裁的に振る舞うのではなく、村人の議論を促し、合議の中で決定していく体裁をとっており、まさに「民主主義」の時代にふさわしいものとして描き込まれている。当時、食糧増産は日本にとっての重要な課題であり、同時に毎年の乱獲のために漁獲高が減少している状況にあった。そのような中で、魚付林造成という村の将来のための公共的投資を、学生や青年団という、これから社会を担う若い世代が主体となって作り出すという筋書きの小説は時宜にかなったものだったといってよいだろう。同時にそれは、こども科学教室の読者である小中学生を奮い立たせるものでもあった。

〈資料1-3-3〉

第5節　入試問題の中の海洋教育

　文部省著作教科書が使用された時期には、高校入試用の問題集なども刊行されることとなり、そこには、海洋教育教材も登場している。教科書に海洋教育教材が取り上げられるということは、当然、入試問題にも取り上げられることを意味する。そのことで、進学を予定している中学生は、学校での勉強に加えて、受験勉強の中で海についての学習を自分で進め、必要な知識を習得することになった。その意味において、教科書に取り上げられることが、学習者にとっていかに大きな影響を持つことになるのかを、入試問題からうかがい知ることができるだろう。

42　●第1部　戦後初期にみられた豊かな「海」

　例えば、1949年に刊行された問題集に掲載されたのは、次のような問題だった。

　　A
　　　海流について次の問いに答えなさい。
　〔イ〕太平洋の北赤道海流が、西側の島や大陸に突き当ると、その小部分は赤道
　　　反流となつて東に逆流するが、大部分は陸地に沿つて北上し、日本列島の東南
　　　を洗い、アメリカ大陸に向つて流れる海流を何というか。

　〔ロ〕この海流の性質について不用な文字を消しなさい。
　　　塩分は〈濃く・淡く〉、透明度〈大・小〉で、水色は〈紫緑色・青らん色〉で、
　　　水温はその附近の海流に比べて一般に〈低く・高く〉、純然たる〈暖流・寒流〉
　　　である。
　　B
　　　潮の満ち干は何によつておこるか。（岐阜県）

　　　深海の色が青みがかつて見えるのはなぜか。（新潟県）
　　　　1　深海には緑色の湯や、プランクトンが多いから。
　　　　2　空の青い色を反射するから。
　　　　3　光の水に吸収される割合が波長によつてちがうから。
　　　　4　光の中で青色がもつとも波長が短かいから(25)。

　A・Bの記号は筆者が便宜的に付加したものであり、Aが「出そうな問題」
の一例、Bが「出た問題」、すなわち過去問の一例となる。学習指導要領では、
依然として経験主義の下、子どもの主体的な問いを促す授業が重視されていた
が、「出そうな問題」や「出た問題」をみると、選択肢を選ばせることによっ
て知識を問う問題ばかりが目立つ。この中で唯一、岐阜県の過去問は引力の仕
組みについて説明させる記述問題となっているが、これも予め記憶した知識を
使って解答する問題であり、結果的にここに示した問題はどれも、暗記によっ
て対応せざるを得ない問題ばかりとなっている。
　このような入試問題を見ていると、文部省著作教科書『海をどのように利用

している か』で見たような、子どもたちの伸びやかな好奇心を刺激し、海の様々な側面について興味を持って調べ、日常生活について見直したり、考えを広げていこうとするような教育は、高校入試という制度によって損なわれていく側面があったと推測し得る。その意味で、入試問題に取り上げられたことはプラスマイナスの両面を持っていたといえるだろう。すなわち、海に関する子どもの着実な学習を促すという肯定的側面があったと同時に、項目的知識の暗記習得に重点をおくことで、海への伸びやかな好奇心や次から次へと沸き起こるような知識欲については、それを阻害するという意味での否定的側面もあったのである。

第6節　三省堂版『私たちの科学9　海をどのように利用しているか』との比較

　中学校理科では、1950年度より検定教科書も使用されるようになった。学年ごとに一冊発行されるケースが多かった中で、文部省著作教科書『私たちの科学』と同じ構成で、単元ごとに一冊発行したのは、三省堂だった。三省堂発行による『私たちの科学9　海をどのように利用しているか』は、1949年に発行され、1950年から54年にかけて使用されている。

　検定教科書についての分析は、主に第3章で行うこととなるが、ここでは、文部省著作教科書の特徴を改めて浮き彫りにする意味において、比較対象として、三省堂版の中身を少し紹介してみることとしよう。この教科書については、執筆者が巻頭に示されている。編修委員長が新野弘、編集委員が浅生貞夫・藤島亥治郎・萩原雄祐ら18人だった。新野は当時東京水産大学に勤め、海洋地質学の権威だった。

　目次は次の通りである。

　　まえがき
　　Ⅰ　海は私たちの生活にどんな影響を与えているか
　　Ⅱ　海の底はどのようになっているか

Ⅲ　海の水にはどんな性質があるか

Ⅳ　海水の動き

Ⅴ　海水に溶けているもの

Ⅵ　海の生物はどのように利用されているか

Ⅶ　漁業はどのように行われるか

むすび

索引

　文部省著作教科書と比較して、記述の仕方において特徴的なのは、知識が整理された形で掲載されている点にある。たとえば、文部省著作教科書『海をどのように利用しているか』の分析において取り上げた「波」について、三省堂版では次のような説明から始まっている。

　　鏡のような水面に風が吹いてくると、小さなさざなみが起こってくる。波の山と次の波の山との間の長さを波長といい、山の頂上と谷の底と垂直距離を波高と呼び、波が波長の間を走るに要する時間を周期といい、波が1秒間に走る速度を波速と呼ぶ。

　　　波速＝波長／周期　　　波長＝波速×周期

の関係がある。風のために表面にできた波は波長が1.73cm以下の時は、海水の表面張力と関係ある波であるから、表面張力波といい、波長がこれ以上になると、重力によって平らになろうとするから重力波という[26]。

　このように、三省堂版では、海洋についての知識をできるだけ網羅して習得させることが目指されている。その意味において、前節で見たような、入試問題にはより対応しやすい構成をもった教科書だったともいえるだろう。

第**7**節　ここまでの検討でわかったこと

　以上のように、1940年代後半の占領下、科学教育は、民主主義の基盤となりえるような実証主義を基盤とする科学的精神を子どもたちに培うという新たな役割を与えられることになった。その際、海洋は、物理学・生物学・化学・地学などの複合的視点で捉えることが可能なことから、実験や観察を通して科学的精神を養う経験の場として好都合だった。当時、食糧難であったこと、さらには海外との交通・輸送の手段が事実上海路に限定されていたことなども、海洋への関心を高めることに寄与していたのだと推測される。

　また、教科書に海が取り上げられることの波及効果が大きかったことも確認し得た。様々な子ども向けの学習メディアに海が取り上げられただけでなく、入試問題にまで取り上げられることになったからである。

　第2章では、1951年・55年施行の学習指導要領（試案）時代に編纂された検定済教科書の下でも、様々な海洋に関する理科教材が掲載されていたことを具体的に確認していこう。

---

(1)　岡現次郎「理科教育の変遷〈3〉」『科学教育ニュース』、1957年2月、19ページ。
(2)　板倉聖宣『日本理科教育史』第一法規出版、1968年、394-98ページ。
(3)　文部省『私たちの科学9　海をどのように利用しているか』文部省、1947年、2-3ページ。
(4)　前掲『私たちの科学9　海をどのように利用しているか』、88-89ページ。
(5)　文部省『私たちの科学16　交通通信機関はどれだけ生活を豊かにしているか』文部省、1947年、126ページ。
(6)　前掲『私たちの科学16　交通通信機関はどれだけ生活を豊かにしているか』、127ページ。
(7)　岡現次郎「理科教育の変遷〈3〉」、20ページ。
(8)　同上。
(9)　文部省「新日本建設の教育方針」宮原誠一他『日本現代教育史1』三省堂、1974（1945）年、22ページ。
(10)「米国教育使節団報告書（第一次）」前掲『日本現代教育史1』、78ページ。
(11)　文部省『新教育指針』、1946年10月、82-89ページ。
(12)　柴一実『戦後日本の理科教育改革に関する研究』すずさわ書店、2006年、104-107ページ。
(13)　田中智志『教育臨床学』高陵社書店、2012年、55ページ。
(14)　同上。
(15)　柴前掲書、125ページ。
(16)　岡現次郎「理科教育の変遷〈3〉」『科学教育ニュース』、18ページ。
(17)「座談会　岡先生と理科教育」大日本図書教育研究室『岡現次郎と理科教育』大日本図書教育研究室、1985年、19ページ。
(18)　関利一郎「戦後の理科教育と岡さんの思い出」前掲『岡現次郎と理科教育』、36ページ。

46　◉第1部　戦後初期にみられた豊かな「海」

（19）井口尚之「国民学校高等科理科について」前掲『岡現次郎と理科教育』、50ページ。
（20）真船和夫『戦後理科教育研究運動史』新生出版、1979年、16-17ページ。
（21）「海をどのように利用しているかⅡ」『中学二年生文学二年生用』第1巻第4・5号合併号、1949年7月、215ページ。
（22）児童科学教育振興会『夏休みの理科研究』青雲書院、1948年、12-13ページ。
（23）佐藤喜正『海と私たち』清水書院、1948年、22－23ページ。
（24）中村桃村「科学小説魚付林」『こども科学教室』第2巻第8・9月合併号、1948年9月、30ページ。
（25）入試問題研究会『高等学校入学試験準備書：出た問題・出そうな問題の模範解答』フェニックス書房、1949年、208-209ページ。
（26）新野弘編『私たちの科学9　海をどのように利用しているか』三省堂、1950年、33ページ。

第2章

小学校における海洋教育教材のバリエーション

高橋 沙希
（東京大学大学院）

　前述したように、1947年度、1952年度の学習指導要領は試案とされていた。第1章で検討したのは、1947年度学習指導要領（試案）が示された直後に出版された文部省著作教科書であったが、その後、民間の教科書会社より実に多彩なバリエーションをもつ教科書（以下、文部省検定済教科書とする）が発行されていた。本章では、この文部省検定済教科書を取り上げ、そのバリエーションの豊かさを明らかにしてみたい。

　本章で1947年度、1952年度の学習指導要領（試案）の下に刊行された教科書を収集する際には、公益財団法人「教科書研究センター」の附属図書館である教科書図書館（東京都江東区千石1丁目9-28）に所蔵されているものに絞って資料を収集した。教科書図書館に所蔵がある民間の教科書会社は、日本書籍、東京書籍、大阪書籍、大日本図書、中教出版、学校図書、二葉、教育出版、信濃教育会出版部、中央書籍、国民図書刊行会、広島図書、日本教図、新興出版社啓林館の14社である。また、資料を収集する際には、資料保存のために写真撮影を行い、そのカラー写真のいくつかは、巻頭の口絵として挿入した。本章で取り上げている挿絵は、それらを含むモノクロバージョンである。

（1）ふねはこび

　以下にある資料は、広島図書より1950年に出版され、小学2年生の教科書として使用された『よいこのかがく　下』の「8.車とくふう」に掲載されている「ふねはこび」の1ページである〈資料2-1-1〉。実際にころを使用して船を引き揚げていることから始まる項目である。ほとんどの子どもの頭の中にある船は海

の上を進むものという想像を超えて、船の新たな一面を提示しているといえる。また、「車とくふう」という単元の初めに船が取り上げられていることは、当時の子どもたちにとって船がより身近な存在であったことを想起させる内容となっている〈資料2-1-1〉。

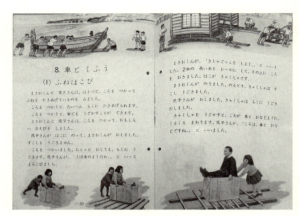

〈資料2-1-1〉
河野通匡ほか『よいこのかがく 下』広島図書、1950年、30-31ページ【1950年検定済、1951-1952年度使用】

(2) 「くじら」をめぐって

　この時代における小学校の理科教科書の中で記述量が多い事柄の一つに「くじら」に関するものがある。例えば、〈資料2-2-1〉は、二葉より1951年に出版され、小学4年生の教科書として使用された『小学生の理科　4年中』の「くじらを追って」という項目の1ページである。まず、目を引くのは、「しろながすくじら」、「ながすくじら」、「せみくじら」、「いわしくじら」、「ざとうくじら」というくじらの多様な種類の詳細な挿絵である。それぞれのくじらの特徴が際立つ挿

〈資料2-2-1〉
大槻虎男ほか『小学生の理科　4年中』二葉、1951年、8-9ページ【1951年検定済、1952-1959年度使用】⇒口絵参照

絵であることがわかるだろう。付け加えて、興味深いのは、ここに描かれているくじらは、海の生き物の種類としてあげられているのではなく、捕鯨船が追う対象物として、ひいては、人間が生きていくために食べ、利用する物として描かれていることである。「くじらはむだになるところがなく、にくからかわや、ひげまで、たいへん使いみちの多い動物です。」と説明が示されているように、利用方法も実に多様であり、たとえば、「ハム」、「ソーセージ」などのにくの加工食品、炎を灯すための「あぶら」などがあげられている〈資料2-2-1〉。

〈資料2-2-2〉
服部静夫ほか『新しい理科　第五学年用1　生物はどんな生き方をしているか　生物はたがいにどんなつながりをもっているか』東京書籍、1950年、14-15ページ【1950年検定済、1951年度使用】

　一方で、〈資料2-2-2〉では、同様に「くじら」を取り上げているものの、食物としてのくじらではなく、海の動物としてのくじらである。この資料は、東京書籍より1950年に出版され、小学5年生の教科書として使用された『新しい理科　第五学年用1　生物はどんな生き方をしているか　生物はたがいにどんなつながりをもっているか』の「2　動物の呼吸のしかた」の1ページである。人間が行うように、動物や生物も呼吸をすること、動物の一例として「くじら」があげられているが、くじらのしおふきと呼吸の関係を丁寧に示しているページであるといえる〈資料2-2-2〉。

　以上のほかにも、小学校教科書においては、数多くの「くじら」の挿絵が使用されており、非常に多角的に学ぶことができる内容となっている。

(3)「しおひがり」を通して学ぶ

　次にあげる〈資料2-3-1〉は、東京書籍より1950年に出版され、小学3年生の教科書として使用された『あたらしいりか　三ねん1』の「4　しおひがり」

の1ページである。「しおひがり」は、遠浅の砂浜で砂の中にいる貝を採取するレジャー活動であるが、この資料においても、「あさり」や「はまぐり」をとる様子が描かれている〈資料2-3-1〉。

しかし、続けてページをめくってみると、水たまりにいる生き物を探して、散策する様子が描かれていたり、波打ち際で「しおのみちひき」を感じたりする場面が示されている〈資料2-3-2〉。

「しおひがり」は、遠浅の砂浜を舞台にしているため、海洋についての知識を深めるために、多角的な視点から単元が構成されていることがわかる〈資料2-3-3、2-3-4〉。

〈資料2-3-1〉
服部静夫ほか『あたらしいりか 三ねん1』東京書籍、1950年、30-31ページ【1950年検定済、1951-1952年度使用】

〈資料2-3-2〉
同上、34-35ページ

〈資料2-3-3〉
同上、36-37ページ
⇒口絵参照

〈資料2-3-4〉
同上、38-39ページ
⇒口絵参照

（4）海辺の生き物

次の資料は、上から順番に、広島図書より出版され小学2年生の教科書として使用された『よいこのかがく 上』、日本書籍より出版され小学1年生の教科書として使用された『しんたのしいかがく 1ねん上』、二葉より出版され小学1年生の教科書として使用された『しょうがくせいのりか 1ねん上』の中にある海辺の生き物について示した各出版社の教科書の1ページである。どの出版社の教科書も鮮やかな色使いによってカニや貝類、海藻などが描かれ、子どもが興味をもちやすいページ構成となっている。このような目を引くページ構成となっているのは、海辺の生き物に関する学習内容が総じて小学校低学年で頻出していることから、海に接していない各県の子どもたちにも興味をもってもらいやすくするための工夫によるものだと考えられる〈資料2-4-1、2-4-2、2-4-3〉。

〈資料2-4-1〉
河野通匡ほか『よいこのかがく 上』広島図書、1950年、30-31ページ【1950年検定済、1951年度使用】

〈資料2-4-2〉
理科指導研究会『しんたのしいかがく 1ねん上』日本書籍1951年、28-29ページ【1951年検定済、1952-1954年度使用】

〈資料2-4-3〉
大槻虎男ほか『しょうがくせいのりか 1ねん上』二葉、1951年、36-37ページ【1951年検定済、1952-1954年度使用】

(5) 真珠を通して養殖を学ぶ

右の資料は、二葉より出版され小学5年生の教科書として使用された『小学生の理科　5年上』の「4.美しいしんじゅ」の1ページである。現在の学習内容に照らしてみると、海における「養殖」を中心的に学ぶのは、社会科においてであるが、戦後初期は、理科においても「養殖」についての学習が行われていたことが読み取れる1ページである。加えて、「養殖」というと、まずは魚介類を思い浮かべることが多いかもしれないが、ここで取り上げられているのは、「あこや貝によるしんじゅ」の「養殖」であり、日本の特産品として紹介されていることが興味深い。当時の日本においても海の利用の仕方が食物を獲るだけではなかったことが思い起こされるページである〈資料2-5-1〉。

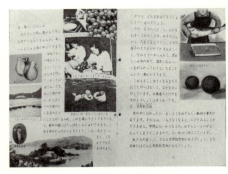

〈資料2-5-1〉
大槻虎男ほか『小学生の理科　5年上』二葉、1951年、34-35ページ【1951年検定済、1952-1959年度使用】⇒口絵参照

(6) 食料としての海の魚

右の資料は、日本書籍より出版され小学1年生の教科書として使用された『しんたのしいかがく　1ねん上』の「うみのさかな」の1ページである。「たい」、「さば」、「まぐろ」、「あじ」、「かつお」、「いわし」、「さんま」といった家庭の食卓にのぼる可能性が高い魚たちが紹介されている。このページの興味深い点は、単純に魚の種類を紹介するだけではなく、ページ上部に網を使用した漁の様子を取り入れていることである。漁の様子が描かれていることにより、食料としての海の魚をより明確にさせている〈資料2-6-1〉。

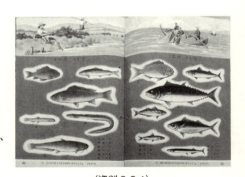

〈資料2-6-1〉
理科指導研究会『しんたのしいかがく　1ねん上』日本書籍、1951年、42-43ページ【1951年検定済、1952-1954年度使用】

第２章　小学校における海洋教育教材のバリエーション　53

　同様の特徴をもっているのが右の資料である。これは、二葉より出版され、小学２年生の教科書として使用された『しょうがくせいのりか　２年上』の「うみべのいきものをしらべてみましょう」の１ページである。ページ上部にある魚介類は、一緒にうつっている大人の様子から魚屋で売られている場面を示しているものと思われる。すなわち、

〈資料2-6-2〉
大槻虎男ほか『しょうがくせいのりか　２ねん上』二葉、1951年、42-43ページ【1951年検定済、1952-1954年度使用】

食料としての魚の紹介である。ページの最上部には、地引網の様子も描かれており、海から魚をとってくる様子がわかる。ここまでの資料は、低学年の教科書の一部である。低学年の子どもたちの興味をひきやすくするために、鮮やかなページ構成となっている〈資料2-6-2〉。

　次の資料は、二葉より出版され小学４年生の教科書として使用された『小学生の理科　４年中』の「海からとれるもの」の１ページである。ここでは、海からとれるものとして海の魚を紹介するとともに漁の仕方も挿絵の中で示されている。ページの上部には、地引網と思われる挿絵も入っており、漁と魚の関係を学ぶことができる学習内容となっている。海の魚の紹介も鮮やかな挿絵とともに示されており、挿絵から学ぶことが多い印象を受ける１ページである〈資料2-6-3〉。

〈資料2-6-3〉
大槻虎男ほか『小学生の理科　４年中』二葉、1951年、4-5ページ【1951年検定済、1952-1959年度使用】⇒口絵参照

続けて、ページをめくってみると、加工食品としての魚が紹介されている。「かんづめ・ひもの・しおづけ・れいとう」などの加工方法が紹介されており、沿岸地域以外へも、海の魚が食用として提供されるための工夫を示している。そのほか、食用としての魚だけでなく、あぶらやひりょう、ボタンやかざりなどに加工される魚介類についても紹介されている〈資料2-6-4〉。

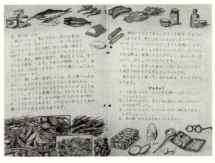

〈資料2-6-4〉
大槻虎男ほか『小学生の理科　4年中』二葉、1951年、6-7ページ【1951年検定済、1952-1959年度使用】⇒口絵参照

(7) 船の構造を知る

右の資料は、日本書籍より出版され小学1年生の教科書として使用された『しんたのしいかがく　1ねん上』の中で紹介されている「ほかけぶね」の1ページである。「ほかけぶね」が中心に描かれており、目を引きやすいページとなっている。ページ左下部には、「風はどんな役に立つでしょう。」という問いが示されており、風の利用の一例としてほかけぶねが取り上げられていることがわかる〈資料2-7-1〉。

続いて、右の資料では、実際にほかけ船を作ってみることで船の構造を学ぶ手がかりを提供している。ここではほかけ船を作ることを通して子どもに学

〈資料2-7-1〉
理科指導研究会『しんたのしいかがく1ねん上』日本書籍、1951年、24-25ページ【1951年検定済、1952-1954年度使用】⇒口絵参照

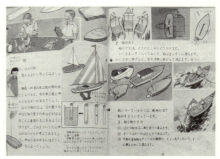

〈資料2-7-2〉
大槻虎男ほか『小学生の理科　6年中』二葉、1951年、22-23ページ
【1951年検定済、1952-1959年度使用】

ばせたいのは、重心についての内容であるが、重心という語を一切出さずに子どもが実際にやってみることを通して学習内容を提供していることが興味深い。また、次のページにいくと、ほかけ船以外の船に共通する「船のかじ」と「船を動かす力」について紹介しているが、この部分については、挿絵が中心となっており、文字情報が少ないことが際立っている〈資料2-7-2〉。

　船に関する学習内容は、以下のように小学校で継続的に取り上げられている。以下は、東京書籍より出版された小学6年生の教科書である『新しい理科　第6学年用4　交通機関はどんなしくみで動くか』に取り上げられている船に関する内容である。6年生になると、帆掛け船以外にも、カヌーやエジプトの帆船、ギリシア・ローマの船など、多くの船が紹介されていることがわかる。多くの船を紹介することを通して、それぞれの地域の特性に合った船が発達してきたことを示している〈資料2-7-3、資料2-7-4〉。

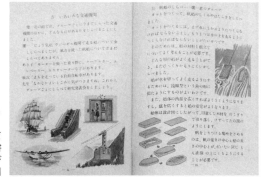

〈資料2-7-3〉
服部静夫ほか『新しい理科　第6学年用4　交通機関はどんなしくみで動くか』東京書籍、1950年、34-35ページ
【1950年検定済、1951年度使用】

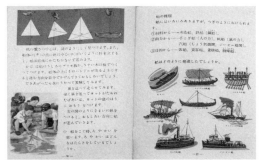

〈資料2-7-4〉
同上、36-37ページ
⇒　口絵参照

第3章

中学校における海洋教育教材のバリエーション

高橋 沙希
（東京大学大学院）

　前章までは、小学校における文部省検定済教科書における海洋教育教材をみてきた。本章では、中学校における海洋教育教材をみていきたい。第1章で確認したように、中学校では、文部省著作教科書として『私たちの科学　9　海をどのように利用しているか』が最もまとまったかたちで発刊されていた。その後、1947年度、1951年度に出された学習指導要領は試案であったために、小学校と同様に、民間の教科書会社が作成した教科書は各々の特徴をもつものであった。たとえば、分野ごとに1冊ずつ教科書を作っている会社がある一方で、『1年　上・下』のように、学年ごとに1冊（ないしは2冊）の教科書を作っている会社もあった。こうした教科書は、小学校と同様に、公益財団法人「教科書研究センター」の附属図書館である教科書図書館で以下の教科書会社のものが所蔵されている。日本書籍、東京書籍、大阪書籍、大日本図書、中教出版（中等学校教科書）、学校図書、二葉、三省堂出版（三省堂）、教育出版、愛育社、北陸教育書籍、中央書籍、清水書院、光村図書出版、牧書店、新興出版社啓林館、大日本雄弁会講談社、学研図書、学芸出版、大原出版である。

　本章では、このうち、海洋をテーマにして一冊の教科書を作成している愛育社が作成した『海の科学』（1950年）、学校図書が作成した『新制理科　第9単元　海と私たち』（1950年）、清水書院が作成した『新制中学理科シリーズNO.9　海と私たち』（1948年）を中心に取り上げたい。本文中で書名を表記する場合は、清水書院が作成したものに限り『海と私たち』として省略する。これらの資料の収集にあたり、教科書図書館の蔵書をベースとして、東書文庫のデータベース（http://www.tosho-bunko.jp/opac/TBSearch）も併せて利用し

た。なお、本章は、各教科書ごとの特徴を検討することを通して、中学校における試案教科書の豊かさを明らかにするため、第2章で検討したように、海洋教育教材のトピックをみていくのではなく、各教科書における構成や叙述の特徴を確認することを主要な作業としている。

第1節 各教科書の構成

本節では、まず各教科書の構成を比較してみよう。下に示したのは、各教科書の表紙である。

以上を見てわかるように、『海の科学』は、海をベースにヨットの絵が描かれており、3つの中では最も鮮やかな表紙となっている〈資料3-1-1〉。『新制理科　第9単元　海と私たち』は貝殻が一つ、『海と私たち』は海を連想させる背景の中に魚が3匹描かれている〈資料3-1-2、3-1-3〉。ちなみに、『海の科学』と『新制理科　第9単元　海と私たち』は、見開きでA4判、『海と私たち』は見開きB5判で作成されている。各教科書の構成は、次のページの表に示した通りである〈図表3-1〉。

〈資料3-1-1〉
田山利三郎『海の科学』
愛育社、1950年、表紙

〈資料3-1-2〉
新制理科研究会編『新制理科　第9単元　海と私たち』
学校図書、1950年、表紙

〈資料3-1-3〉
佐藤喜正『新制中学理科シリーズ　NO.9　海と私たち』
清水書院、1948年、表紙

58 ●第1部　戦後初期にみられた豊かな「海」

『海の科学』(1950年)	『新制理科　第9単元　海と私たち』 (1950年)	『海と私たち』(1948年)
1.まえがき 2.海の形態 3.海水の性質 4.海水の運動 5.海の働き 6.海の生物 7.海の利用 8.むすび（海の開拓）	まえがき 　Ⅰ　海の水はなぜ塩からいか 　Ⅱ　海とはどんなものか 　Ⅲ　海水はどんなはたらきをしているか 　Ⅳ　海の生物はどのような生活をしているか 　Ⅴ　海の魚はどんなところに多くすむか むすび さくいん	1.この本で何を学ぶのか 2.海洋の大切なこと 3.海と陸はどのようにしてできたか 4.海の大きさ 5.海水の状態 6.海の波 7.潮の干満 8.海流 9.海水の作用 10.海水の成分 11.海洋と生物 12.海上交通 13.むすび 14.いろいろの問題

〈図表 3-1〉

　『海の科学』は全76ページ、『新制理科　第9単元　海と私たち』は全64ページ、『海と私たち』は全99ページでそれぞれ構成されている。

　表からわかるように、3つの教科書にはそれぞれ特徴のある「まえがき」がついている。以下は、まえがき（『海と私たち』については「1.この本で何を学ぶのか」を引用）の本文である。

　▽『海の科学』──「まえがき」より

　　四面海をめぐらすわが国は、海を通して世界の文化に接することができるのであり、海の資源を開発することによって私たちの生活を豊かにすることができるのである。この海を開き、この海を利用して祖国再建に役立たせることが、私たち若い者に与えられた重要な使命でなければならない[1]。

　▽『新制理科　第9単元　海と私たち』──「まえがき」より

　　地球上の各大陸に住む人々はそれぞれの生活の仕方、文化の程度がちがっている。また、地上や地下の資源もところによってまちまちである。それで、どうしても、交易によって物資や文化を交換し、助け合って生活していかなければならない[2]。

　▽『海と私たち』──「1.この本で何を学ぶのか」より

　　今までも海洋は相当利用され、またその恩恵を受けてはいるが、それは十分

第3章　中学校における海洋教育教材のバリエーション　59

に計量された合理的な利用であったろうか。残念ながらそうであるとはいえないのである。山野の雑草をとる様に魚介類をとるだけで、その保護増殖についてはあまり計量的に考えられていない場合が多かった[3]。

　『海の科学』では、「海の資源を開発することによって私たちの生活を豊かにすることができる」こと、そのように海を「利用」することを中心にまとめられている。『新制理科　第9単元　海と私たち』については、「交易によって物資や文化を交換し、助け合って生活していかなければならない」とあるように、地球上の各大陸をつなぐ役割をもつ海を想起させる内容となっている。『海と私たち』は、「それは十分に計量された合理的な利用であったろうか」とあるように、海洋の保護の観点が欠けていたことを反省的に振り返る内容となっている。このまえがきだけを確認しても、それぞれの教科書会社の特徴が見てとれる。

　続いて、以下に3つの教科書の小単元を示した。

▽『海の科学』

1.まえがき
2.海の形態
　1.海はどのくらい広いか
　2.海はどのくらい深いか
　3.海の深さを測る方法
　4.海の底はどんな形をしているか
　5.海はどのようにしてできたか
3.海水の性質
　1.水温と私たち
　2.水温はいかに分布しているか
　3.海底ではどのくらいの圧力が加わるか
　4.海水はなぜ塩辛いか
　5.食塩がいかに役に立っているか
　6.海の中はどのくらいまで明るいか
　　（原文ママ）
　7.海の色はなぜ青いか
　8.海水中にはどんな栄養分があるか

9.海の生物は何を呼吸しているか
4.海水の運動
　1.海の波にはどんな種類があるか
　2.いそ波とうねりはどうしてできるか
　3.津波のわが国に多いのはなぜか
　4.潮の満ち干はどうして起るか
　5.潮の流れはどう変わるか
　6.海流とはどんなものか
　7.海流はどのように流れているか
5.海の働き
　1.海岸はいかに変化しているか
　2.海底にはどんなものが沈積しているか
6.海の生物
　1.海にはどんな生物がすんでいるか
　2.海の生物はいかにして環境に適応しているか
7.海の利用
　1.交通路としての海

60　◉第1部　戦後初期にみられた豊かな「海」

　　2.漁場としての海
　　3.養殖場としての海
　　4.食塩の貯蔵庫としての海
　8.むすび（海の開拓）

　　1.未利用資源はないだろうか
　　2.海の生産をもっとあげるには
　　3.魚貝を守ろう

▽『新制理科　第9単元　海と私たち』

まえがき
Ⅰ　海の水はなぜ塩からいか
　　1.私たちは食塩をどのように利用しているか
　　2.食塩をどのようにして採集するか
　　3.海水にはなぜ食塩がとけているか
Ⅱ　海とはどんなものか
　　1.海はどのくらい広く、また深いであろうか
　　2.海はどのようにしてできたであろうか
Ⅲ　海水はどんなはたらきをしているか
　　1.海の波はどうして起こるか
　　2.海岸は海水でどのようにして変っていくか
　　3.海底はどうなっていくか
Ⅳ　海の生物はどのような生活をしているか

　　1.海の生物は陸上の生物とどんなにちがうか
　　2.波打ちぎわの生物はどのようにして生活しているか
　　3.海そうはどんなところにはえているか
　　4.深海魚はどのような生き方をしているか
Ⅴ　海の魚はどんなところに多くすむか
　　1.プランクトンとはどんなものか
　　2.魚はどんなところに多くすむか
　　3.わが国の近海にはどんな海流があるか
　　4.魚と海流とはどんな関係があるか
　　5.魚をふやすにはどうすればよいか
むすび
さくいん

▽『海と私たち』

1.この本で何を学ぶのか
2.海洋の大切なこと
3.海と陸はどのようにしてできたか
　1.海と陸との生い立ち
　2.大陸移動説
4.海の大きさ
　1.海の広さ
　2.海の深さ
5.海水の状態
　1.海水の力
　2.海水の透明度
　3.海水の色
　4.海水の温度

6.海の波
　1.波の原因
　2.いそ波
　3.うねり
　4.津波
7.潮の干満
　1.潮の干満の原因
　2.潮流
　3.潮の干満による浅海の利用
8.海流
　1.海流とは何か
　2.海流の起る原因
　3.日本の附近の海流

第3章　中学校における海洋教育教材のバリエーション　　61

9.海水の作用
　1.海水の浸蝕作用
　2.海水の堆積作用
　3.海底の沈積物
10.海水の成分
　1.海水に含まれているもの
　2.海水の塩分はどこから来たか
　3.食塩の作り方
　4.食塩の性質
　5.海水中の気体
11.海洋と生物
　1.海の生物

2.海藻
3.プランクトン
4.波打ちぎわの生物
5.魚類
12.海上交通
　1.海上交通
　2.船の速さ
　3.船の大きさ
　4.船の形
13.むすび
14.いろいろの問題

　以上を比較してみると、単元ごとの問いの視点の違いがみえてくる。すなわ
ち、『海の科学』は、小単元の多くが疑問形になっているが、『新制理科　第9
単元　海と私たち』は単元名全体にわたって疑問形で表されている。しかし、『海
と私たち』をみてみると、単元名にはほとんど疑問形が使用されていない。

第2節　各教科書の特徴

　続いて、各教科書の記述の特徴をみてみよう。
　各教科書を開いてみると、『海の科学』は、単元の中に〔問〕、〔研究〕、〔実
験〕という項目が付け加えられている。〔問〕は、学習したことを振り返るた
めの問題であり、小単元に数問ずつ掲載されている。〔研究〕、〔実験〕は、実
際に生徒がやってみて学習する内容が書かれているが、〔研究〕には結論が書
かれておらず、〔実験〕には結論まで書かれているという違いがある。『新制理
科　海と私たち』は、研究、観察、実験、問題という項目が付け加えられてい
る。研究と観察は、どちらかが必ず単元の初めに設けられており、生徒が実際
に調べることから学習内容がスタートしている。実験は、教科書で学習したこ
とをもとに生徒が実際にできる活動が示され、問題は単元の最後に学習のまと

めとして付け加えられている問題である。『海と私たち』は、整理、試問、自由研究、いろいろの問題という項目が付け加えられている。整理、試問、自由研究は、単元の最後に掲載されており、整理は、各単元で学んだことをまとめ、試問は、各単元の振り返り学習としての問題であり、自由研究は、各単元で学んだことをもとに調べる課題が書かれている。

　以上のような記述がそれぞれの教科書には見られたが、さらに詳しく内容を見てみると、各教科書がもついくつかの特徴を析出することができるだろう。以下では、教科書ごとにそれぞれがもつ特徴を示してみたい。

《『海の科学』》

　『海の科学』がもつ特徴は、「8.むすび（海の開拓）」の記述が厚いことである。第1節で示したように、「8.むすび（海の開拓）」は、「1.未利用資源はないだろうか」、「2.海の生産をもっとあげるには」、「3.魚貝を守ろう」の三つの小単元から構成されている。すでにみてきたように、『海の科学』はまえがきで海の利用の仕方を中心に書かれていた。そのまえがきが影響しているせいか、海に「未利用資源」がないかどうか、波のエネルギーについて取り上げたり、海の生産をあげるため魚の研究を積極的に行ったり、漁船の精度を高めたりする取り組みについて紙面を大きく割き、記述されている。加えて、それらと対比的に、「3.魚貝を守ろう」では、魚や貝の繁殖保護の問題が示されている。3社の中では、最もまとまったかたちで魚介類の保護に関して述べられている。

《『新制理科　第9単元　海と私たち』》

　『新制理科　第9単元　海と私たち』では、海の生物に関する記述が厚いことに注目したい。具体的には、『新制理科　第9単元　海と私たち』は、全64ページの半分近くが海の生物に関する記述で占められ、単元は、「Ⅳ　海の生物はどのような生活をしているか」、「Ⅴ　海の魚はどんなところに多くすむか」のふたつで構成されている。このふたつの単元では、海の生き物を単純に紹介するだけではなく、海の生き物を通して海におけるさまざまな学習内容が紹介されている。たとえば、「Ⅳ　海の生物はどのような生活をしているか」の小単元である「3.海そうはどんなところにはえているか」を見てみると、まず、

「海の深さによる海藻の色のちがい」が以下のように示されている。

　　海藻の色は、海の深さと密接な関係をもっている。例えば、浅い海にはアオ
ノリ、アオサなどの緑藻類が目立ち、そのほかにアサクサノリなどの紅藻類や、
ホンダワラなどの褐藻類もある。
　　しかし、深くなるにつれて緑藻類はなくなって、コンブ、ワカメなどの褐藻
類がしげり、さらに深くなればテングサなど紅藻類だけになってしまう[4]。

　以上のように、海底の深さによって海藻の色に違いがあることを学習した後、
続いて「海の中の明るさ」という項目が取り上げられている。「海の中の明るさ」
と海藻の関係について、次のように述べている。

　　海藻は、日光がなければ生育できないので、日光のとどかない深海底には生
えていない。日光が深海底にとどかないのは、日光が海中を通る時、すいとら
れたり、散乱されたりして、しだいに弱められるからである[5]。

　海藻は、日光が届く場所までしか生えないため、深海底では、海藻が育つ環
境が整っていないことが示されている。続いて、「海の色」についても、何色
の光が深い場所まで届くのかということが以下のように述べられている。

　　日光が水にすいとられる度合は、光の波長によってちがい、波長の長い赤か
ら短かいむらさきへと順に小さくなる。したがって、日光が海中へはいってい
くと、赤い色がもっとも多くすいとられ、深くなるにつれて、だいたい（原文
ママ）、黄、緑、青、むらさきと順にすいとられていく。赤い光は海面から50m
の深さにもとどかないが、青い光は200mまでもとどく。このように青い光は、
海の深いところまでとどくので、外の光よりもよけいに散乱される。したがっ
て海は青く見える[6]。

　以上のように、海藻が生えている深さを手がかりにして、なぜ、海は青く見
えるのかという問いにまで発展している。海藻の生えている深さと海の色と

いう2つの問いが光の波長を通してつながっていくことがわかるだろう。これは、「海」をひとつの学習の空間としてとらえ、学習内容を構成していることの特徴であるといえる。

ただし、この単元の中心は、あくまでも海藻であるため、上のような海藻に関する種類を丁寧に描いてい

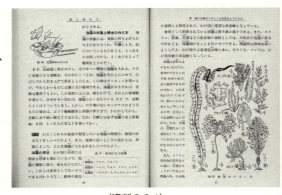

〈資料3-2-1〉
新制理科研究会編『新制理科 第9単元 海と私たち』
学校図書、1950年、41ページ

るページがあることで、幅広い内容を提供できる構成となっている〈資料3-2-1〉。

《『海と私たち』》

『海と私たち』では、本章で取り上げている教科書で唯一、船に関する単元が展開されている。これは、第2章で取り上げた小学校の試案時代検定教科書で取り上げられている船に関する単元の内容を発展させたものであるといえる。詳細な内容は、「1.海上交通」、「2.船の速さ」、「3.船の大きさ」、「4.船の形」の4つから構成されている。最も記述が厚いのは、「4.船の形」であり、「（ⅰ）船の抵抗」と「（ⅱ）船の安定性」から構成されている〈資料3-2-2〉。「（ⅰ）船の抵抗」では、水の抵抗を摩擦抵抗と造波抵抗に区別して紹介されており、造波抵抗は次のように示されている。

> 造波抵抗は船の通ったあとに波を作るエネルギーを与えるのに費やされる為に受ける抵抗で、船の速さが大となると急に増大するものである。この抵抗を少くするには船の外形を魚（マグロやカツオ等）のような形にするがよい[7]。

魚の形と船の形を比較して造波抵抗を説明しており、興味深い示し方である。例示されているマグロやカツオは魚の中でも速く泳ぐことで知られている。

「（ⅱ）船の安定性」では、船は重力と浮力を同時に受けていることが説明さ

れている。船の重力と浮力の関係は、船に積む荷物の重さに影響されていることが以下のように取り上げられている。

　　　重いものを上の方に積み過ぎると、重心は上の方に移動して、浮力と重力は互に更に船を傾ける様に働いて遂にてんぷくする[8]。

　船の安定性で船に積む荷物の重さに触れているのは、単元の初めの「1.海上交通」の中で取り上げられている、巨大な船が航行できるようになったこととつながっていると考えられる。小学校の船に関する単元では、船はどのようにして進むかということに焦点が当たっている傾向があったが、中学校になると、船についてより多角的な視点から展開されている。

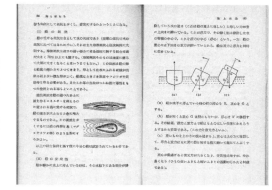

〈資料3-2-2〉
佐藤喜正『海と私たち』清水書院、1948年、85ページ

---

(1) 田山利三郎『海の科学』愛育社、1950年、1ページ。
(2) 新制理科研究会編『新制理科　第9単元　海と私たち』学校図書、1950年、ページ番号なし。
(3) 佐藤喜正『新制中学理科シリーズ　NO.9　海と私たち』清水書院、1948年、1ページ。
(4) 新制理科研究会編『新制理科　第9単元　海と私たち』学校図書、1950年、37ページ。
(5) 同上、37-38ページ。
(6) 同上、39ページ。
(7) 佐藤喜正『新制中学理科シリーズ No.9　海と私たち』清水書院、1948年、85ページ。
(8) 同上。

消えていく「海」
―― 学習指導要領に即して

——第4章——

小学校編

高橋沙希／柳 準相

（第1節：東京大学大学院／第2節：東京大学大学院）

　本章以降は、理科教育の中でいかにして海洋教育教材が減っていったのかを、学習指導要領に即して、検討することにしたい。まず、本章では、小学校理科における学習指導要領の検討を通して、小学校理科における海洋教育教材の変化を明らかにしよう。

第1節　学習指導要領改訂の要点

　本節では、小学校理科の学習指導要領における変遷を各改訂のポイントとともに確認する。まず、現在まで全体的な学習指導要領の改訂がどのように行われているかを以下で示してみよう。

1947年度：教師のための手引書として「試案」と表記される。「社会科」、「自由研究」、「家庭科」が設置される。

1952年度：「自由研究」がなくなり、小学校には「教科以外の活動」が新設される。

1958年度：「告示」形式となり、法的拘束力が明確化される。系統的な学習を重視し、「道徳」の時間が特設される。

1968年度：教育内容の現代化、教育内容・授業時数がピークとなる。

1977年度：「ゆとりと充実」を目指し、授業時数が1割削減される。「ゆとりの時間」が新設される。

> 1989年度：新しい学力観が示される。小学校低学年で「生活科」が新設される。
> 1998年度：「生きる力」が明示される。完全学校週5日制に合わせて、授業時数の削減と教育内容の厳選。
> 2008年度：「生きる力」は継承、思考力・判断力・表現力の育成。
> 2018年度：「社会に開かれた教育課程」を重視、道徳が特別な教科化される。

　以上のような改訂のポイントをふまえて、以下では、小学校理科の学習指導要領における変遷を、学習指導要領の目標を通して振り返ってみよう[1]。

　1947年度版の学習指導要領では、以下のように記されている。

　　理科の指導目標はすべての人が合理的な生活を営み、いっそうよい生活ができるように、児童・生徒の環境にある問題について次の三点を身につけるようにすること、

　　1.　物ごとを科学的に見たり考えたり取り扱ったりする能力。
　　2.　科学の原理と応用に関する知識。
　　3.　真理を見出し進んで新しいものを作り出す態度。

　ここでは、「すべての人が合理的な生活を営み、いっそうよい生活ができるように、児童・生徒の環境にある問題」と書かれているように、生活場面における機能的な科学能力、知識、態度を育成するための目標が設定されることになった。すなわち、理科教育では生活単元の単元学習が基本となり、経験主義的な問題解決型の方向性が示された。こうしたなかで、海洋教育教材に関する記述は、次の単元で見られた。2年生の「単元三　空と土の変化」、3年生の「単元三　空と土の変化」、6年生の「単元三　海と船」、「単元四　砂と石」である。とりわけ、6年生の「単元三　海と船」では、実際に海へ行って、潮の満ち干や潮の流れ、海の生物について調べて話しあうように書かれており、小学校における学習量が最も多い単元となっている。

　続いて改訂された1952年度版の学習指導要領では、以下のように記されている。

前節において述べた理科の立場や科学の本質から、さらにいっそう整理して理科の目標を詳しく述べれば、次のようなものが強調される。

(1) 自然の環境についての興味を拡げる。

(2) 科学的合理的なしかたで、日常生活の責任や仕事を処理することができる。

(3) 生命を尊重し、健康で安全な生活を行う。

(4) 自然科学の近代生活に対する貢献や使命を理解する。

(5) 自然の美しさ、調和や恩恵を知る。

(6) 科学的方法を会得して、それを自然の環境に起る問題を解決するのに役だたせる。

(7) 基礎になる科学の理法を見いだし、これをわきまえて、新しく当面したことを理解したり、新しいものを作り出したりすることができる。

　1947年度版学習指導要領と比べて、1952年度版では、具体的な目標がより詳細に書かれることになった。ただし、基本的には、1947年度版における経験主義や問題解決型の方向性と同様の性格をもっているといえる。また、1952年度版の大きな特徴として、児童・生徒の発達の特性を身体、社会性、情緒、知的発達に分けて明示し、学習内容が編成されていることがあげられる。たとえば、低学年の身体の発達については、「この期のこどもは元気がよく、活動性が強くて、すわって静かにしていられないで、動きまわり、はねまわる傾向が強い。それで、絵をかくことや、物を作ることなどのような作業的な学習を多く取り入れるとか、動作の多い遊びの形態をとるとかするのがよい。」と記されており、この発達の特性に合わせて指導方法を工夫することが求められている。

　こうしたなかで、海洋教育教材に関する記述は、次の単元で見られた。第3学年の「春・夏・秋・冬の違いは、何によってわかるでしょう」、第4学年の「海からどんなものをとって、どのように利用しているでしょう」、「水はどのように土地の形を変えているでしょう」、第5学年の「音は、どのようにして聞えるでしょう」（原文ママ）である。1952年度版では、第4学年の「海からどんなものをとって、どのように利用しているでしょう」が最も学習内容が多い単元であり、海水や海の魚介類、海の生物について学ぶ単元となっている。加え

て、1952年度版学習指導要領が海洋教育教材が最も多く、その後は、急激に減少していくことになる。

　続いて、1958年度版の学習指導要領を見てみよう。この改訂では、次のような目標が設定されていた。

　　　1　自然に親しみ、その事物・現象について興味をもち、事実を尊重し、自然から直接学ぼうとする態度を養う。
　　　2　自然の環境から問題を見いだし、事実に基き、筋道を立てて考えたりくふう・処理したりする態度と技能を養う。
　　　3　生活に関係の深い自然科学的な事実や基礎的原理を理解し、これをもとにして生活を合理化しようとする態度を養う。
　　　4　自然と人間の生活との関係について理解を深め、自然を愛護しようとする態度を養う。

　1958年度版では、学習指導要領が系統主義に転換し始めたといわれている。ただし、以上にあげた目標を見てもわかるように、依然として「生活に関係の深い自然科学的な事実や基礎的原理を理解し、これをもとにして生活を合理化しようとする態度を養う」という経験を重視した項目も残されている。これらは、子どもの問題解決の学習の方向性は尊重しながらも、知識の関連性や系統性を重視するようになったことを示している。また、1953年に施行された理科教育振興法で財政的な支援がされるようになり、具体的には、小・中・高等学校の実験設備の充実のために費用が国庫補助で支出されることになった。こうしたなかで、1958年度版の小学校の学習指導要領における海洋教育教材は、2年生、4年生、5年生、6年生で明示されている。とりわけ、1952年度版では記述が認められなかった2年生で「エ　池や小川（海）の生物を観察する。」という学習内容が入っており、実際の経験に基づいた学習を促している。ただし、1952年度版と比較すると「海」という言葉が入っている件数は減少し、海洋教育教材が縮小していく傾向をみることができる。

72 ●第2部 消えていく「海」──学習指導要領に即して

　続いて、1968年度版の学習指導要領を見てみよう。この改訂では、次のような目標が設定されていた。

> 　自然に親しみ、自然の事物・現象を観察、実験などによって、論理的、客観的にとらえ、自然の認識を深めるとともに、科学的な能力と態度を育てる。このため、
> 　1　生物と生命現象の理解を深め、生命を尊重する態度を養う。
> 　2　自然の事物・現象を互いに関連づけて考察し、物質の性質とその変化に伴う現象やはたらきを理解させる。
> 　3　自然の事物・現象についての原因・結果の関係的な見方、考え力や定性的、定量的な処理の能力を育てるとともに、自然を一体として考察する態度を養う。

　1968年度版の学習指導要領は、1957年に行われた旧ソ連の人工衛星スプートニクの打ち上げ成功を契機として、世界的にみて科学技術の振興に大きな転換が図られた。すなわち、アメリカでは、教科の構造化を提唱したブルーナーの発見学習が大きな影響をもち、科学教育の現代化を促進した。日本においても、こうしたアメリカの影響を受け、「自然に親しみ、自然の事物・現象を観察、実験など」の問題解決の過程を通して、「自然の認識を深めるとともに、科学的な能力と態度を育てる」という目標が設定された。1958年度版の目標で示されていた「生活」に重きを置くような考え方が一掃され、教育内容の現代化が推し進められたことがわかる。

　加えて、1968年度学習指導要領が公表された時期は、日本の産業構造が大きく変化しているときであった。すなわち、1950年代中盤から始まる高度経済成長に伴い、1960年には、第一次産業従事者と第二次産業従事者の割合が逆転し、日本は第二次産業中心の時代に突入する。それに伴い、学習指導要領も第一次産業から第二次産業へと中心が移動していたことが考えられる。

　以上のような時代背景が影響し、1968年度版より、小学校の学習指導要領における海洋教育教材は大幅に削減されている。具体的には、1952年度のピーク時には、小学2、4年生で取り上げられていた単元は、1968年度版では、4

第4章　小学校編　73

年生の「地球と宇宙」で「エ　流水のはたらきで川岸や海べなどの様子が変わること。」の1か所のみになってしまった。

　続いて、1977年度版の学習指導要領を見てみよう。この改訂では、次のような目標が設定されていた。

　　　観察、実験などを通して、自然を調べる能力と態度を育てるとともに自然の
　　事物・現象についての理解を図り、自然を愛する豊かな心情を培う。

　すでに、改訂のポイントで示したように、1977年度版の学習指導要領では、「ゆとりある、しかも充実した学校生活の中での人間性豊かな児童の育成」（いわゆる「ゆとり教育」）が目指されるようになり、小学校理科においては、直接経験を重視する方向に転換していった。しかしながら、海洋教育教材は、この学習指導要領以降、本文から消えることになった。本書資料編で示したように、1977年度以降の小学校理科学習指導要領では、指導書に海洋に関する記述が出てくるものの、指導要領本文では海洋教育教材が取り上げられなくなった。

　続いて、1989年度版の学習指導要領を見てみよう。この改訂では、次のような目標が設定されていた。

　　　自然に親しみ、観察、実験などを行い、問題解決の能力と自然を愛する心情
　　を育てるとともに自然の事物・現象についての理解を図り、科学的な見方や考
　　え方を養う。

　1989年度版の学習指導要領改訂では、1977年度より転換した直接経験を重視する方向が継続されていた。また、主体的に対応できる問題解決の能力や日常生活における科学的な判断・行動ができる能力の育成を求めたものであった。加えて、1989年度の小学校理科学習指導要領改訂の大きなポイントは、低学年理科が廃止され、生活科が新設されたことである。この影響もふまえて、海

洋教育教材は、1977年度版の学習指導要領から継続して、本文には記述がなく、指導書においても1件しか見られない。

　続いて、1998年度版の学習指導要領を見てみよう。この改訂では、次のような目標が設定されていた。

　　自然に親しみ、見通しをもって観察、実験などを行い、問題解決の能力と自然を愛する心情を育てるとともに自然の事物・現象についての理解を図り、科学的な見方や考え方を養う。

　1998年度版の学習指導要領では、完全学校週5日制が導入され、基礎・基本の徹底と教育内容の厳選が行われた。基礎・基本の徹底とは少ない学習内容を徹底的に習得させることをねらいとし、各教科において大幅な時間数の削減とそれに伴う学習内容の削減が決められた。すでに、1977年度版より小学校理科の海洋に関する記述はなくなり、指導書に限定されていたため、その傾向が引き継がれることになった。

　続いて、2008年度版の学習指導要領を見てみよう。この改訂では、次のような目標が設定されていた。

　　自然に親しみ、見通しをもって観察、実験などを行い、問題解決の能力と自然を愛する心情を育てるとともに、自然の事物・現象についての実感を伴った理解を図り、科学的な見方や考え方を養う。

　2008年度版の学習指導要領は、知・徳・体のバランスのとれた力として「生きる力」をよりいっそう育むことを目標とし、基礎的・基本的な知識・技能の習得を重視するとともに、思考力・判断力・表現力等の育成も同時に目指すものであった。また、理科については、2008年1月に出された中央教育審議会答申「幼稚園、小学校、中学校、高等学校及び特別支援学校の学習指導要領等の改善について」で環境教育の充実を図る方向が発表されているものの、小学校

理科における海洋教育教材は、充実の形跡が全くみられず、1977年度から引き続き、海洋に関する記述は全く触れられていない。学習指導要領解説（本書資料編を参照）をみてみると、自然災害として津波が取り上げられているものの、海洋生物や海洋資源の保護などは取り上げられておらず、不十分な内容となっている。

　続いて2018年度版の学習指導要領を見てみよう。この改訂では、次のような目標が設定されていた。

　　　自然に親しみ、理科の見方・考え方を働かせ、見通しをもって観察、実験を行うことなどを通して、自然の事物・現象についての問題を科学的に解決するために必要な資質・能力を次のとおり育成することを目指す。
　　（1）自然の事物・現象についての理解を図り、観察、実験などに関する基本的な技能を身に付けるようにする。
　　（2）観察、実験などを行い、問題解決の力を養う。
　　（3）自然を愛する心情や主体的に問題解決しようとする態度を養う。

　2018年度学習指導要領は、2008年度改訂の際に取り上げられた「生きる力」を継続的に使用し、理科においては、自然に親しみ、見通しをもって観察、実験などを行い、その結果を基に考察し、結論を導き出すなどの問題解決の活動を充実させると同時に、日常生活や社会との関連を重視している。ただし、第2節でみるように、学習指導要領における海洋教育に関わる記述は、2008年度の改訂から引き続き、削除されたままである。

（1）本節は、以下の文献を参考にして執筆した。
高瀬一男「理科学習指導要領の変遷」『茨城大学教育学部教育研究所紀要』第13号、1981年、35-42ページ。
高橋慶一編『シリーズ・教科教育法　5　理科教育法』明治図書、1984年。
左巻健男『授業づくりのための理科教育法』東京書籍、2004年。
日置光久・村山哲哉「学習指導要領の変遷(上)：小学校理科教育の歩み」『理科の教育』第56巻1号、2007年、44-47ページ。
日置光久・村山哲哉「学習指導要領の変遷(下)：小学校理科教育の歩み」『理科の教育』第56巻2号、2007年、116-119ページ。
矢野英明「学習指導要領における理科教育の変遷(小学校編)」『理科の教育』第57巻4号、2008年、264-265ページ。
日野純一「日本の理科教育の変遷と展望」『京都産業大学教職研究紀要』第11号、2016年、19-49ページ。

第2節 改訂に伴う海洋教育内容の分析

　本節では、戦後における小学校の学習指導要領の改訂に伴って、海洋教育の内容が学習指導要領の中で、どのように描かれてきたかを明らかにしたい。

　分析の対象は、戦後において発表[1]されてきた9つの小学校学習指導要領（以下、指導要領と記す）である[2]。対象となる指導要領およびその発表年度は、右の〈資料4-2-1〉のとおりである。

　分析の方法は、〈資料4-2-1〉にあげた9つの指導要領の記述の中で、海洋教育と関係のある内容がどのように述べられているかを確認することである。また、海

番号	指導要領の発表年度	番号	指導要領の発表年度
①	1947年度	⑥	1989年度
②	1952年度	⑦	1998年度
③	1958年度	⑧	2008年度
④	1968年度	⑨	2018年度
⑤	1977年度		

〈資料4-2-1〉
戦後における指導要領

洋教育と関係のある内容を選び出すために用いる方法は、まず、それぞれの資料の中で「海」というキーワードを中心に、それが指導要領のどの部分に、どのくらいの頻度で入っているかを抽出した。その後、こうした作業の結果を分析し、表を作成した。これで戦後の指導要領で海洋教育の内容が、どのように記され、変わってきたかという経過を知ることができる。さらに、より正確な分析のためにここでは、「海」のほか、海洋教育と関連性が高いと判断される5つの言葉（「舟」、「船」、「潮」、「波」、「港」）を加え、計6つの言葉を抽出作業の対象とした。

　次の〈資料4-2-2〉は、戦後の指導要領において「海」が入っている言葉の件数を集計したものである。この資料をみると分かるように、小学校では、1958年度以降に「海」が入っている言葉の件数が激減した。

　1952年度に「海」が入っている言葉の件数が急増したのは、指導要領の整備によって内容が充実したためである。ところが、1958年度にはすぐに急減している。その原因のひとつは、同年度から指導要領とは別に、その内容を具

番号	年度	件数	単　　語（括弧は重複）
①	1947年度	25	海（13）、海中、海岸（5）、海水（6）：4単語
②	1952年度	171	海（79）、海川、海べ（4）、海水浴（2）、海水（14）、海草（39）、海産物（12）、海岸（13）、海底（2）、海中、海浜、海面、海陸風、日本海：14単語
③	1958年度	27	海（14）、海辺（4）、海浜（2）、海そう（2）、海岸（3）、海水（2）：6単語
④	1968年度	1	海べ：1単語
⑤	1977年度	0	
⑥	1989年度	0	
⑦	1998年度	0	
⑧	2008年度	0	
⑨	2018年度	0	

〈資料4-2-2〉
指導要領において「海」が入っている言葉の件数

体的に説いた「指導書」という書物が作成されるようになったためである[3]。よって指導要領自体は、以前と比べると、コンパクト化した。しかし、こうした事情を考慮しても、1968年度の指導要領以後は、「海」が入っている言葉が、皆無に近い結果となっている。

そして〈資料4-2-2〉をグラフ化したものが、〈資料4-2-3〉である。

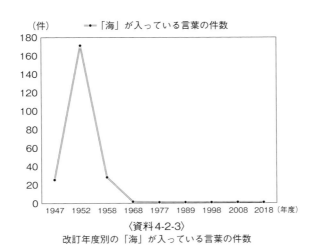

〈資料4-2-3〉
改訂年度別の「海」が入っている言葉の件数

78   ●第2部　消えていく「海」──学習指導要領に即して

番号	年度	学年など	単元及び内容など
①	1947年度	第6学年	単元3　海と船
			単元4　砂と石
②	1952年度	第1学年	山・川・海のような土地の形の変化に興味をもつ
		第4学年	海からどんなものをとって、どのように利用しているでしょう
			水はどのように土地の形を変えているでしょう
③	1958年度	第2学年	池や小川（海）の生物を観察する
		第4学年	海辺の生物の種類や生活の様子を調べる
			川や海の水のはたらきを調べる
④	1968年度	第4学年	流水のはたらきで川岸や海べなどの様子が変わること
⑤	1977年度		
⑥	1989年度		
⑦	1998年度		
⑧	2008年度		
⑨	2018年度		

〈資料4-2-4〉
年度別学習指導要領での主要な海洋教育の内容

　さらに、指導要領における主要な海洋教育の内容を整理したものが、〈資料4-2-4〉である。

　最後に、次ページ以降の〈資料4-2-5〉では、戦後の指導要領において海洋教育の詳細な内容を抽出し、表としてまとめた[4]。

第４章　小学校編　　79

〈資料4-2-5〉
指導要領における「海」関係記述の詳細な内容

① 1947年度の指導要領（試案）

目　　　　次	内　　　　容
第３章　指導内容の一覧表	理科において指導する教材の各単元… 　　第６学年　単元三　海と船(5)
	…各単元においてどのような事がらを指導するか、その内容（学習項目）… 　　第４学年－第９学年 　　　二十七　今の陸と海ができるまでには長い時がたっている。 　　　二十八　地下や海中から役に立つものをいろいろ取り出すことができる。
第７章　第２学年の理科指導	単元三　空と土の変化 （二）指導方法——児童の活動 ・土地 7. 海岸には岩のところと砂のところがあり、岩が波で削られたあとのあるのを観察する。
第８章　第３学年の理科指導	単元三　空と土の変化 （二）指導方法——児童の活動 ・土地 3. 海岸で石や砂の波にもまれている状態を観察する。
第11章　第６学年の理科指導	単元三　海と船 （一）指導目標 1. 海の水・風・岩・生物などについて理解する。 3. 海と船に対する理解を深めるとともに物事を正しくくわしく見て、すじみち、道理を見いだす態度を養う。 （二）指導方法——児童の活動 1. 海へ行って、次の事がらについて調べ、話しあう。 　（1）潮の満ち干・潮の流れ。　　（2）波のはたらき。 　（4）海水と砂地との温度。　　（5）海の生物。 　（6）海岸の岩と砂。　　　　　（7）海水中の塩分。 2. 同じ重さの真水と海水とアルコールの体積を比べてみる。（試験管に真水を入れて水に浮かし、…次々に海水、アルコールと入れ代えて同じ印のところまで沈め、…） 　11. 池の水と海の水で泳いだときを比べて、… 　12. 工作で作った帆船の排水トン数を計り、安定の具合を調べ、… 　13. 渡し船の安定について考え、話しあう。 （三）指導結果の考査 1. 海へ行ったときの学習の態度については… 4. 次の事項についての理解の状態を…考査する。 　（1）潮の満ち干・潮の流れ・波のはたらき・海岸の風の方向・海水と砂地との温度・海の生物・海岸の岩と砂・海水中の塩分。 　（3）舟の安定。
	単元四　砂と石 （一）指導目標 1. 山と海で観察したことをもとにして、… （二）指導方法——児童の活動 3. 山の砂と海の砂とを比べてみて、…話しあう。

80　●第2部　消えていく「海」──学習指導要領に即して

目　　　次	内　　　容
	（三）　指導結果の考査 2 次の事項についての理解の状態を…考察する。 (2) 山の砂と海の砂との違い。

② 1952年度の指導要領（試案）

目　　　次	内　　　容
第1章　理科の目標	Ⅳ．理科教育における理解と能力と態度 1．理解の目標 　次に掲げるもの（Ⅰ、Ⅱ、Ⅲ、…、Ⅵ）は、このような立場にたって、こどもが何かを理解するために学習するときの方向を決めるものとして、まず第一の分析をしたのである。… Ⅳ．人は環境に適応する努力を続けた結果、その生活は進歩した。 3．地下や海の資源は、産業や日常生活に利用されている。
第2章　こどもの発達 と理科学習	Ⅲ．理科教育におけるこどもの発達の適用 3．理解の発達 　…理科に関して基本的な観念を10ほど選び出して、これについて、東京都内および近県の一二の小学校で調べた結果を次に述べることにする。 　　a．水についての理解 　　（5）所在については、低学年では「水道・川・海」であるが、高学年になると、 　　　　その上に「地下・空中・生物の中」と理解が増し、… 　　b．月についての理解 　　（5）月の影響については、…高学年では…「潮の満干」の理解が加わる。 1．動物の類別について（原文ママ） 「動物にはいろいろな種類がある」という理解の目標がある。…たとえば、海にいるもの・水の中にいるもの…などの表現を用いている。
第3章　学習内容の組 織化	Ⅰ．学年の指導目標 第1学年 　2．a．山・川・海のような土地の形の変化に興味をもつ。
	Ⅱ．単元の問題と、その目標ならびに学習活動 3．単元の問題 　＜低学年＞ 　　[分野] 自然の移り変り 　　[単元に含む問題例] 野山や海川は、どのようになっているでしょう。：海 　　へ（川・池）は、どんなになっているでしょう。（2、3学年） 　　[分野] 生物の暮らし方 　　[単元に含む問題例] わたしたちのまわりには、どんな生物がどのようにしているでしょう。：池や小川（海）には、どんなものがいるでしょう。 　　（2、3学年） 　＜高学年＞ 　　[分野] 自然の保護と利用 　　[単元に含む問題例] 天然資源を、どのように利用しているでしょう： 　　海から、どんなものをとって、どのように利用しているでしょう。（4、5 　　学年）

第4章 小学校編　81

5.　学習活動

第1学年

＜単元に含む問題＞風が吹くと、どのようなことがおこるでしょう

　［学習活動］

　観察　1.　大風の吹く日の様子（木の枝の揺れ動く様子、うなり・砂ほこり・波、物の飛ぶ様子など）

第3学年

＜単元に含む問題＞春・夏・秋・冬の違いは、何によってわかるでしょう

　［学習活動］話合い　2.　めいめいの暮し方が、季節によって違っていること（…海水浴・スキー等）

第4学年

＜単元に含む問題＞

　海からどんなものをとって、どのように利用しているでしょう

［目標：理解］

　1.　海水から塩をとって利用している。

　　・海水には塩が溶けている。　　・海水を蒸発すると塩がとれる。

　　・塩は、味つけ・食品の貯蔵などに使う。

　2.　海から魚や貝や海草などをとって利用している。

　　・海から、いわし・さば・あじ・かつおなどの魚をとって食べる。

　　・海から…貝をとって食べる。

　　・貝がらは、ボタンをとったり飾りや細工物にしたりする。

　　・海から…海草をとって食べる。

　　・海草は、生や干して食べるほかに、ところてんや寒天にする。…

　　・海から、…動物をとって食べる。

　　・海から鯨をとつて、内を食べたり、油をとったりする。（原文ママ）

　　・魚や貝や海草などは、煮たり、焼いたりして食べるほかに、干物にしたり、塩づけにしたり、かんづめなどにする。

　3.　魚や貝や海草には、いろいろな種類がある。

　　・魚には…海底の砂の上にすむものや…群になってすんでいるものなどがある。

　　・海草には、いそ近くに、あおのり…などがあり、深い所には、ひじき・…などの茶色の海草や、…赤色の海草がある。

［目標：能力］

　1.　問題をつかむ能力

　　・海産物をふやすことについて問題をつかむことができる。

　2.　企画する能力

　　・潮干狩や塩田見学などの準備・計画などをたてることができる。

　3.　資料・材料を集める能力

　　・海の生物や海産物の絵や写真を集めることができる。

　　・海草や貝がらの標本や海産物の加工品・魚や貝でつくった細工物やおもちゃなどが集められる。

　　・海の生物・その加工・製塩などについての本を見つけることができる。

　4.　整理整とんする能力

　　・海草を色で分けたり、貝を貝がらの形で分けたり、魚を色・形・すみかで分けたりすることができる。

5.　制作する能力
　　　・海草の小さなおし葉をつくることができる。
　　6.　記録図表をつくる能力
　　　・海産物の用途を分類した表をかくことができる。
［目標：態度］
　1.　環境に興味をもつ態度
　　　・海の生物に興味をもつ。
　2.　みずから進んで究明する態度
　　　・海の生物の名や利用のしかたを自分で調べようとする
　3.　自然の調和や恵みを感得する態度
　　　・海産物の恵みを喜ぶ。　　　・幼魚や小さい貝に愛情を示す。
　　　・海中の生物の美しさを感得する。
［学習活動：実験］
　1.　海水を煮つめて、塩をとってみる。
　2.　海水をなわなどに湿して日に干して、塩をとってみる。
［学習活動：材料集め］
　2.　海草・貝がらなどの標本
　3.　魚・貝・海草・海にすむ獣などの絵や写真
　4.　魚や貝や海草の干物・漬物・かんづめ・油などの見本
　5.　魚や見てつくった細工物・おもちゃ海産物をとっている人の絵
［学習活動：見学］
　1.　塩田・漁港・水族館・水産試験場・養殖場
　2.　魚屋・魚市場・乾物屋・海産物加工場
［学習活動：野外学習］
　1.　海岸にいって、海草や貝がらの採集をしたり、漁村の施設（特に加工場）
　　　を見たりする。
　2.　潮干狩
［学習活動：読書］
　3.　海からとれるものの種類と利用のしかた
　4.　悔（原文ママ、ただし「海」として資料4-2-2内で集計）からとれるも
　　　のの加工のしかた
　6.　海や海産物についての物語や詩
［学習活動：視聴覚教育の利用］
　1.　塩のとり方、捕鯨のしかたと処理方法、海の魚や貝や海草や獣の種類と
　　　その生態およびとり方、海産物の加工や処理のしかたなどについて、ラ
　　　ジオ・映画・幻燈・写真・絵・新聞などの利用
［学習活動：話合い］
　1.　海からどんなものをとっているか。
　2.　海からとったものを、どのように利用しているか。
　3.　海水から塩を、どのようにしてとるか。
　4.　塩の使いみち　話合い　5.　海産物の加工のしかた
　6.　海草や貝がらの標本の作り方
　7.　見学や野外学習の計画と整理
　8.　海の生物の保護について
［学習活動：制作］
　1.　貝がらや海草の標本づくり
　2.　海の魚や貝や海草などの画集づくり
　3.　海の生物の形を厚紙に切り抜いて、パノラマをつくる。

| | [学習活動：記録]
　1．海からとれるものを、利用のしかたによって分けた表をかく。
　2．見学・野外学習の報告書をかく。
[学習活動・表現]
　1．海の文や絵をかく。　2．海の生物の生活を劇化する。
　3．海の歌をつくったり、うたったりする。
[学習活動：話を聞く]
　1．漁師の話を聞く。　2．教師が読む物語を聞く。

<単元に含む問題>水はどのように土地の形を変えているでしょう
[目標：理解]
　4．陸地の土や砂は、水に運ばれて海底に積り、…地層になる。
　5．波は、岸の岩をけずる。
[目標：能力]
　3．問題をつかむ能力
　　・海や川で、石の角がとれてまるくなっているわけ、地層ができるわけを問題として取り上げられる。
　4．事実から推論する能力
　　・…海や川の石がまるくなっているのは、水のはたらきであることを考えることができる。
　5．資料・材料を集める能力
　　・山や川や海の石・砂・いろいろな場所の土を集めることができる。
[目標：態度]
　1．環境に興味をもつ態度
　　・地層・川・海岸の様子などに興味をもつ。
　　・川の水の石を流す力、波の岩を削る力に興味をもつ。
[学習活動：観察（野外活動）]
　4．海水に侵された岩の様子　5．海の波の様子
[学習活動：実験]
　2．海浜・川原で池や川をつくり、水で砂の流される様子を調べる。
[学習活動：製作] 1．山や川や海の石の標本をつくる。
[学習活動：読書]
　1．次のことを教科書や参考書で調べる。
　　・…波が土地の形をどのように変えるか。
[学習活動：視聴覚道具の利用]
　1．流れる水・海水は、どのようなはたらきをするかについての映画・幻燈を見る。
　2．波に侵された岩の写真を見る。

第5学年
<単元に含む問題>音は、どのようにして聞えるでしょう
[学習活動：話を聞く]
　1．海の深さを測ったり氷山をさがすのには、水の中の音の広がり方や、はねかえってくる（原文ママ）様子を調べて知ること |
| 第4章　理科指導計画
のたて方 | Ⅰ.指導計画をたてる場合の教師の仕事
　3．こどもの環境を調査する
　　　「表：季節の移り変りについての記録例（東京附近）」
　　　[生物の生活・天象気象の変化] 潮干狩にいく。（5月中旬） |

	Ⅱ．年間指導計画のたて方 　2．どのようにして年間指導計画をたてるか 　　「表：第3学年：年間指導計画表　（Ⅰ）」 　　［単元］潮干狩をするには、どのようにしたらよいでしょう（5月） ［単元に含む問題］ 　1．潮干狩には、いつごろいったらよいでしょう。 　2．海べは、どんなになっているでしょう。
第7章　小学校におけ る理科の材料と施設	Ⅰ．学習指導に必要な装置や材料は、どのようにして備えたらよいか 　　小学校では、…機械・器具を備えるにあたって、できるだけ身近な材料 で、…最も適当したものを選ぶことがたいせつである。…たとえば、洗面器 は…海草の標本をつくるときにも役だつし、…
	Ⅱ．学習に役だつ材料・施設とその経営 　5．視覚教具および材料 　　(3)　実物・模型・標本 　　　　単元に関係のある実物・模型・標本の類は、その単元の指導の能率を あげる…。たとえば、…海岸の種類や形態が問題になったとき、海岸の 標本を見るように導く…。 　　　　実物・模型・標本の類は…行事などに際してもできるだけこどもの眼 に触れるようにはかるべきである。…たとえば、…潮干狩の行われるこ ろ、海の生物の標本を陳列するようにする…。 　6．機械・器具および材料 　(11)　標本類・模型類・かけ図・写真・スライド 　　　　・植物（草・木・作物・海草など） 　　　　・動物（獣・鳥・魚・貝・虫など） 　　　　・山・川・海など
付録	Ⅰ　理解の目標 Ⅰ．宇宙は広大であって、そこには一定の秩序が保たれている 　D-8．太陽と月の影響によって、…潮の満ち干が起る。（6学年） Ⅱ．自然界には絶えず変化が起きている。 　A-6．…海岸には岩の所や石や砂の所がある。（2、3学年） 　A-7．池・湖・海などには波がたつ。風が吹くと波が起る。（2、3、4学年） 　A-11．川の水や海の波は、岩や土をけずる。（3、4学年） 　A-26．海には、潮の満ち干がある。（4、5、6学年） 　D-3．海岸の近くでは、一般に気温の変化がゆるやかで、陸地の内部では激 しい。（5学年） 　D-5．陸地と海面との間では海陸風が吹く。（5学年） 　D-6．表日本と裏日本との気候は、著しく違う。冬の季節風のために、 日本海側では雪の日が多く、太平洋側では、晴天が続く。（4、5学年） 　G-3．雨水や雪どけの水の一部は、川・湖・海などにはいる。（2学年） Ⅲ．生物や無生物は多種多様である。 　A-2-c．魚には、まぐろ…など海に住むものと…がある。（4学年）…たい・ いか・たこなどは海にいる。（1、2学年） 　A-2-j．海に住む動物には、魚のほかに、…いろいろな種類が多い。（4学年） 　A-7-a．…海草などは花が咲かない。（4、5学年） 　A-8．海草には、いろいろな種類がある。（4、5学年） 　B-1-f．あさり…などは、海辺の砂浜やいそに住んでいる。（3学年） 　B-4．山・川・海など、…それぞれ特徴のある生物が住んでいる。

B-4-c. …魚・かに・えびなどには、…海に住むものとがあろ。（4、5学年）
（原文ママ）

Ⅳ. 生物は環境に適応して生きている

F-6. 森林・草むら・海草などは、動物のよいすみかとなる。

F-6-b. …海草は、魚や水中の生き物のよいかくれがである。（3学年）

Ⅵ. 人は環境に適応する努力を続けた絡果、その生活は進歩した（原文ママ）

A-13-a. 森林は、山津波や大水や日照りや風の害を防ぐ。（5、6学年）

B-9. 津波の災害は、じょうぶな建物や防波堤などで、軽くすることができる。（5、6学年）

C. 地下や海の資源は、産業や日常生活に利用されている。

C-1. 海水から塩をとって利用している。（4学年）

C-1-a. 海水には塩がとけている。（4学年）

C-1-b. 海水を蒸発して塩をとる。（4学年）

C-2. 海から魚や貝や海草などをとって利用している。（4学年）

C-2-a. 海から、いわし・さば…などの魚をとって食べる。（4学年）

C-2-c. 海から、かき・はまぐり…などの貝をとって食べる。（4学年）

C-2-e. 海から、こんぶ…などの海草をとって食べる。（4学年）

C-2-f. 海草は生や干して食べるほかに…のりやこやしにも使う。（4学年）

C-2-g. 海から、いか・たこ…などの動物をとって食べる。（4学年）

C-2-h. 海からくじらをとって、肉を食べたり、油をとったりする。（4学年）

C-2-i. 魚や貝や海草などは. 煮たり、焼いたり…かんづめにしたりなどする。（4学年）

Ⅱ 能力の目標

A. 見る能力と考える能力

＜事実をありのままに見る能力＞

[自然の変化]

（3学年）4. 川や海の石ころは、角がとれて丸くなっていることに気がつく。5. 川岸や海岸などで、いちじるしく変った岩のあることに気づく。

[生物の生活]

（6学年）1. 海岸・水中…など土地の違った所に、特徴のある植物がはえていることに気づく。

＜比較観察する能力＞

[生物の生活]

（4学年）6. 海にすむいろいろな動物の色. 形・大きさ、生活のしかた・すむ場所の違いなどを比べられる。（原文ママ）

＜数量的にみる能力＞

[自然の変化]

（6学年）1. 海岸や川口近くで、棒や糸を使って、潮の満ち干の変化をはかることができる。

[生物の生活]

（1学年）3. …採集した虫…海草などの数を数える。

＜問題をつかむ能力＞

[自然の変化]

（3学年）2. 海や川で石のかどがとれて、まるくなっていることに問題をもつことができる。

＜企画する能力＞

[機械と道具のはたらき]

（5学年）2. 機械や道具のはたらきや、交通機関の動く様子を調べるために、工場・作業場・停車場・港などを見学する計画を協力してたてることができる。

＜事実から推論する能力＞
［天体の動き］
（5学年）1. 遠ざかる船や遠く見わたせる地平線の観察から、地球の丸いことを推論することができる。
［自然の変化］
（4学年）1. 石が川の水に流されることや、石はころがればかどがとれることから、海や川の石が丸くなっているわけを考えることができる。

B. 技術的能力
＜記録・図表を作る能力＞
［天体の動き］
（6学年）2. 暦、または新聞の暦の記事から、月齢と潮の満ち干との関係を示す図表を作ることができる。
［自然の変化］
（1学年）2. 山・川・池（海）などの絵をかくことができる。
［自然の保護と利用］
（4学年）1. 海からとって利用するものの種類を分類して表を作ることができる。
＜資料・材料を集める能力＞
［自然の変化］
（2学年）1. 山や川や海などの写真・絵はがきなどが集められる。
（3学年）1. 山や川や海などで、まわりの岩の種類・形などに注意して、石・土・砂などを集めることができる。
（6学年）1. 山…海岸…などの写真・絵はがき…などが集められる。
［生物の生活］
（3学年）1. 季節の特徴を表わした…海などの絵や写真が集められる。
＜工作する能力＞
［生物の生活］
（4学年）4. 植物・海草・こん虫などの標本を作ることができる。

Ⅲ 態度の目標
＜環境に興味をもつ態度＞
［天体の動き］
（6学年）1. …潮の満ち干のできることに興味をもつ。
［自然の変化］
（2学年）1. 川や池や海の様子を見たり、そこにすむ生物をさがしたりするのに興味をもつ。
（2学年）2. 川原や海べのきれいな石や貝がらなどに興味をもつ。
（4学年）1. 地層・川・海岸の様子に興味をもつ。
［生物の生活］
（1学年）5. 池や小川（海）にいる生き物を見ることを喜ぶ。
［自然の保護と利用］
（4学年）1. 魚・貝・海草・塩など、海からとったものが日常生活に利用されていることに興味をもつ。
＜自ら進んで究明する態度＞

[自然の保護と利用]
　（4学年）1．海産物の利用のしかたを、本や魚屋・乾物屋などへいって調べようとする。
＜注意深く正確に行動する態度＞
　[自然の変化]
　（5学年）2．潮の満ち干を注意して調べようとする。
＜余暇を利用する態度＞
　[自然の変化]
　（6学年）余暇を利用して、近くの山・川・海岸などを観察…
　[生物の生活]
　（2学年）1．遠足や海水浴にいったとき、余暇を利用して貝がらを集めようとする。
＜健康安全に身を保つ態度（習慣）＞
　[健康な生活]（5学年）3．海や川にごみを捨てない。
＜自然の美・調和や恵みを感得する態度＞
　[自然の変化]（6学年）1．山・川・海などの風景の美を楽しむ。
　[生物の生活]（3学年）1．森林・草むら・海草等と、動物の暮しとのつながりのうまくいっていることに感心する。
　[自然の保護と利用]（3学年）1．海産物の恵みを喜ぶ。

Ⅳ　単元の指導に必要な材料
第2・3学年
[単元に含む問題] 石ころにはどんなものがあるでしょう
　[学習活動]
　　1．山・川・海での野外観察
　　2．話合いや話を聞く時に併用する視覚材料
　　[資料・材料]（4）川の流れや海の波に侵された岩の様子を表わした絵・写真・スライド・映画

第4・5学年
[単元に含む問題] 水はどのように土地の形を変えているでしょう
　[学習活動]
　　2．土の組織を実験
　　[資料・材料]（1）山の土・平地の畑の土…海の近くの土など
　　4．話合いや読書報告などに使われる資料
　　[資料・材料]（1）川や海の水のはたらきを示す掛図・写真・絵・映画
　　[単元に含む問題] わたくしたちのまわりには、どんな生物が見られるでしょう
　　[学習活動] 5．標本作り　[資料・材料]（5）海草の標本…
[単元に含む問題] 道具を使うと、どんなに便利でしょう
　　[学習活動] 3．話合いに併用する視覚教具の利用
　　[資料・材料]（3）漁村で輪軸を使って船を陸に引き上げている絵・写真
[単元に含む問題] 海からどんなものをとってどのように利用しているでしょう
　　[学習活動] 1．海水を煮つめて塩をとる
　　2．海水を蒸発して塩の結晶を作る
　　5．潮干狩　[資料・材料]（5）古雑誌（海草をはさむ）…
　　7．海草の標本作り
　　8．話合いに併用する視覚教具の利用

●第２部　消えていく「海」──学習指導要領に即して

[資料・材料]（1）魚・貝・海草・海にすむ獣
　（2）海からの産物をとっている人の様子
　（3）塩田・漁港・捕鯨の様子
　（4）貝がらや海草の標本の作り方等の絵・写真・スライド・映画

第5・6学年
[単元に含む問題]こよみはどのようにして作られたのでしょう
　[学習活動] 5. 話合いなどに併用する視覚教具の利用
　　[資料・材料]（3）暦に関するスライド〔備考〕暦に関する図表、潮の満ち干の写真などのスライドを自作し…
[単元に含む問題]火山や温泉はどのようになっているでしょう
　[学習活動]
　1. 資料集め・話合い・観察などと併用する視覚教具の利用
　[資料・材料]（3）山・川・温泉・海岸などの写真　（9）山・川・海の石や砂の標本　（13）山・川・温泉・海岸などの様子を示すスライド
　2. 画集の製作
　[資料・材料]（2）こどもの集めた火山・山・川・海などの写真…
[単元に含む問題]土地や時代によって、すんでいる生物にはどんな違いがあるでしょう
　[学習活動]
　1. 海草や高山などの特別な植物のおし葉作り
　2. 話合いなどに併用する視覚教具の利用
　[資料・材料]（1）山・海・湿地・砂漠・寒帯・熱帯等の生物の生活を見せるスライド・映画・写真・絵・模型など

③1958年度の指導要領

目　　次	内　　容
第2章　各教科 第4節 第2　各学年の目標 　　　　および内容	第2学年 2. 内容 （1）…生物に興味と親しみをもち、…生物をかわいがるように導く。 　エ　池や小川（海）の生物を観察する。 （ア）池や小川（海）で魚・虫・貝などいろいろな動物を観察… （イ）池や小川（海）で採集したいろいろな動物を水草とともに水そうに入れて観察し… 3. 指導上の留意事項 （3）内容（1）のエ〔池や小川（海）の生物〕については、海に近い所では潮干狩などを利用し、この内容と関係のある海辺の生物について、学習させる…。
	第4学年 2. 内容 （1）…個々の生物のつくり・くらし方の著しい特徴やその違いに気づく… 　オ　海辺の生物の種類や生活の様子を調べる。 　（ア）海には潮の満ち干がある事実に気づく。 　（イ）潮のひいた砂浜・潮だまりまたはいそで、貝・うにのように手に入れやすい海浜の動物を観察したり採集したり…。 　（ウ）海そうや海浜の植物のはえている様子を観察したり、それらを採集したりして、その性状が野山の植物と違っている点に気づく。

第4章　小学校編　89

（3）…土地の様子は流水のはたらきによって、長い間に変化していくことをわからせる。
イ　川や海の水のはたらきを調べる。
（イ）海岸のがけ・砂浜の様子などから、海水にも川の水と同じようなはたらきがあることを知る。
（6）自然物から、その成分を取り出すことができることを、…知らせるとともに、…含まれている物質の性質に気づくようにする。
エ　食塩水を水と食塩とに分ける。
（イ）食塩水（または海水）…を蒸発させ、…製塩法を知る。
3.　指導上の留意事項
（1）内容（1）のオ〔海辺の生物〕に関する学習は、海に遠くて、海辺の様子や生物の生態などの観察が困難な所では、入手できる海そうや貝などについての学習にとどめ、全般の学習は、高学年のときに海に行く機会を利用するのもよい。…

第5学年
2.　内容
（1）観察・実験によって、生物の生活のしかたや育ち方などが生育の場所・食べ物や養分・温度などに関係のあることに気づき…
エ　魚のからだのつくり・習性・ふえ方を調べる。
（イ）池や海などの水を顕微鏡で観察…水中には、…小さな生物がすんでいることに気づき、これらが魚のえさとなることを知る。
（ウ）…魚には海にすむもの、川にすむものがあり、また生育の時期によって生活の場所を変えるものがあることを知る。
（2）風の向きを測って、季節や場所による風の変化や特徴に気づくようにするとともに、風の向きや強さが日常生活と関係があることを知らせる。
ア　風の向きや強さを調べる。
（ア）樹木の動きや、波・煙などの様子で、風の強さの程度をいくつかに分けることができることを知る。
（ウ）季節や場所（海岸・山あい）などによって、風が吹く向きやその変り方に特徴があることに気づくとともに、…
（4）…太陽・月・星の動く様子をもとにして、地球が自転していることや、昼夜のできるわけを理解させる。
ア　地球の自転と昼夜のでき方を理解する。
（カ）海岸に近づく船が帆柱から見え始めることなどから、地球が球形であることを知る。

第6学年
2.　内容
（2）空気の湿り気や降水量などについて理解させ、これらが人の生活に深い関係があることに関心をもたせる。
ア　空気の湿り気を調べる。
（ア）器に入れた水が自然になくなることなどから、川・池・海などの水面や地面から絶えず水が蒸発していることを知る。
3.　指導上の留意事項
（1）内容（1）のイ〔森林の生物〕に関する学習において、近くに森林のない地域では、海に遠い地域での海に関する学習の場合と同様に、できるだけ森林に行く機会をつくって、…。

90　●第2部　消えていく「海」──学習指導要領に即して

④1968年度の指導要領

目　　　次	内　　　容
第2章　各教科 第4節　理科 第2　各学年の目標 　　　　および内容	第4学年 2．内容 　C．地球と宇宙 　（3）川原の様子は、流水と関係があることを理解させる。 　　　エ　流水のはたらきで川岸や<u>海べ</u>などの様子が変わること。

⑤1977年度の指導要領

目　　　次	内　　　容
	無し

⑥1989年度の指導要領

目　　　次	内　　　容
	無し

⑦1998年度の指導要領

目　　　次	内　　　容
	無し

⑧2008年度の指導要領

目　　　次	内　　　容
	無し

⑨2018年度の指導要領

目　　　次	内　　　容
	無し

（1）戦後の学習指導要領は、当初、「試案」だったものが、1958年度から「告示」へと変わり、法的拘束力を持つようになった。すなわち、1947年度と1952年度の学習指導要領は「試案」で、1958年度以後のものは、「告示」である。

（2）ここで用いる資料の指導要領は、次のウェブサイトなどをベースにした。1998年度までの指導要領は、文部科学省（以下、文科省と称する）が運営している「学習指導要領データベース」（https://www.nier.go.jp/guideline/）を利用した。それ以後の指導要領は、文科省のホームページ（http://www.mext.go.jp/）に掲載されているものを使用した。

（3）この改訂以来、指導要領の改訂が行われるたびに、その内容を解説した「学習指導要領解説」も作成されている。詳細は資料編を参照のこと。

（4）〈資料4-2-5〉の表の作成にあたっては、なるべく指導要領の内容と表記をそのまま反映させようと試みた。ところが、内容が長すぎたり、項目の番号などを記す際に複雑な場合があったりしたため、一部の表記を適宜編集・修正した。ただし内容の修正と順番の変更は原則として行っていない。

（5）表内の下線は、読者の便宜のために、海洋教育と関連性が高いと判断した6つの言葉（本文参照）に執筆者が引いたものである。以降の表でも同様の方式を用いる。

---第**5**章---

中学校編

高橋 沙希／柳 準相
（第1節：東京大学大学院／第2節：東京大学大学院）

　引き続き、本章では、中学校における海洋教育内容を、学習指導要領に即して確認してみよう。

第**1**節　学習指導要領改訂の要点

　本節では、中学校理科の学習指導要領における変遷を各改訂のポイントとともに確認する。全体的な学習指導要領の改訂がどのように行われているのかについては、「第4章　小学校編」の冒頭を参照してほしい。その上で、以下では、中学校理科の学習指導要領における変遷を、学習指導要領の目標を通して振り返ってみよう[1]。

　1947年度の学習指導要領では、以下のように目標が記されている。なお、1947年度の学習指導要領は、小学校・中学校で同様の目標が設定されていた。

　　理科の指導目標はすべての人が合理的な生活を営み、いっそうよい生活ができるように、児童・生徒の環境にある問題について次の三点を身につけるようにすること、
　　1.　物ごとを科学的に見たり考えたり取り扱ったりする能力。
　　2.　科学の原理と応用に関する知識。
　　3.　真理を見出し進んで新しいものを作り出す態度。

第5章　中学校編　93

　ここでは、「すべての人が合理的な生活を営み、いっそうよい生活ができるように、児童・生徒の環境にある問題」と書かれているように、生活場面における機能的な科学能力、知識、態度を育成するための目標が設定された。すなわち、理科教育では生活単元の単元学習が基本となり、経験主義的な問題解決型の方向性が示されたのであった。中学校においては、第8、9学年で海洋教育教材が取り上げられている。とりわけ、第8学年の「単元三　海をどのように利用しているか」では、海に関する基本的な知識を習得すると同時に、海の産物について関心をもつことを目的としており、海洋教育教材の中心を担っている。

　続いて改訂された1951年度版の学習指導要領では、以下のように記されている。

1.　われわれの生活を改善するのに役だつような、科学的な事実や原理に関する知識を得る。
2.　人と自然界との関係を理解し、さらに人は他の人々、いろいろな生物、自然力の恩恵を受けていることを理解する。
3.　人体や、個人および公衆衛生についての基礎的な知識や理解を得、健康的な習慣を形成しようとする気持を起し、さらにその実現に努める。
4.　自然の事物や現象を観察し、実際のものごとから直接に知識を得る能力を養う。
5.　自然の偉大さ、美しさおよび調和を感得する。
6.　自然科学の業績について、社会に貢献するものと有害なものとを明らかに区別し、さらにすべての人類に最大の福祉をもたらすように科学を用いなければならないという責任感をもつ。
7.　科学の原理や法則を日常生活に応用する能力を高める。
8.　一定の目的のために原料や自然力を効果的に、また安全に使う能力を高める。
9.　科学的な態度とはどのようなものであるかを理解する。たとえば、いろい

ろな事実に基いて一応の結論が得られても、偏見を捨ててさらに多くの事実を探求し、じゅうぶんな証拠が得られるまでは判定をさしひかえる。さらに、こうして得られた結論でも別な事実にあてはめてみて深く吟味する。

10. 問題を解決するために、科学的な方法を用いる能力を高める。

11. 現代の産業および商業生活において、科学に関する知識や科学的な習慣が重要であることを認識し、またそれらを習得して職業の選択に役だたせる。

12. 正確に観察し、測定し、記録する習慣を形成する。

13. 道具をたくみに使いこなしたり、機械その他、科学的に作られたものを正しく取り扱ったりする技能や習慣を養う。

14. 人類の福祉に対する科学者の貢献と、科学がどのようにして現在の文明を築くのに役だったかを理解する。

15. 科学のいろいろな分野における専門家を尊敬する態度を養う。

16. 他の人と協力して科学上の問題を解決しようとする心がまえをもつ。

　小学校と同様、中学校においても1947年度版学習指導要領と比べて、1951年度版は、具体的な目標がより詳細に書かれることになった。ただし、基本的には、1947年度版における経験主義や問題解決型の方向性と同様の性格をもっているといえる。また、1947年度版と比較すると、1951年度版学習指導要領における海洋教育教材は、以下のような特徴をもつ。すなわち、1947年度版に記されていた第8学年の「単元三　海をどのように利用しているか」のような海について包括的に学ぶ単元がなくなっている一方で、中学3学年すべてにわたって、海に関係する単元を含んでいることである。とりわけ、中学1年生の内容で中心的な内容を学び、それらをもとにして中学2、3年生ではより発展的な内容を学ぶように、海洋教育教材が配列されている。

　続いて、1958年度版の学習指導要領を見てみよう。この改訂では、次のような目標が設定されていた。

1　自然の事物や現象についての関心を高め、真理を探究しようとする態度を養う。

2 自然の環境から問題をとらえ、事実に基き、筋道をたてて考えたり処理したりする能力を養い、また、実験や観察に必要な機械器具を目的に応じて取り扱う技能を高める。

3 生活や産業の基礎となる自然科学的な事実や原理の理解を深め、これを活用する能力を伸ばし、さらに、新しいものをつくり出そうとする態度を養う。

4 自然科学の進歩が生活を豊かにするのに役だつことを認識させ、自然科学の成果や方法を生活の中に取り入れ、生活を合理化しようとする態度を養う。

5 自然と人間生活との関係を認識させるとともに、自然の保護利用に対する関心を高める。

　1958年度版では、学習指導要領が系統主義に転換し、中学校理科学習指導要領では、これ以降、2分野制が採用されることになった。これは、系統性重視の姿勢を明らかにした大きな変化であった。これによって、理科の目的も生活に基づいた知識の習得から系統的な知識の獲得へ転換した。ただし、この変化は、海洋に関する学習内容にとって、良いものであったとは言い切れない。第2節でみるように、1958年度版より、中学校理科における学習指導要領の海洋教育教材は減少の一途をたどることになる。これは、そもそも海洋に関する記述が出てくる単元そのものが減少してしまったことにより引き起こされている。たとえば、1958年度版学習指導要領をみてみると、海洋教育教材のほとんどが第2分野で取り上げられており、第1分野では、海水について触れているのみである。また、1951年度版で取り上げられていた船や港に関する内容は、1958年度版で削除されてしまった。

　続いて、1969年度版の学習指導要領を見てみよう。この改訂では、次のような目標が設定されていた。

　　自然の事物・現象への関心を高め、それを科学的に探究させることによって、科学的に考察し処理する能力と態度を養うとともに、自然と人間生活との関係

を認識させる。このため、

  1 自然の事物・現象の中に問題を見いだし、それを探究する過程を通して科学の方法を習得させ、創造的な能力を育てる。
  2 基本的な科学概念を理解させ、自然のしくみや、はたらきを総合的、統一的に考察する能力を養う。
  3 自然の事物・現象に対する科学的な見方や考え方を養い、科学的な自然観を育てる。

　1969年度版の学習指導要領は、1957年に行われた旧ソ連の人工衛星スプートニクの打ち上げ成功を契機として、世界的にみて科学技術の振興に大きな転換が行われた。すなわち、アメリカでは、教科の構造化を提唱したブルーナーの発見学習が大きな影響をもち、科学教育の現代化が促進された。日本においても、こうしたアメリカの影響を受け、「科学の方法」、「探求の過程」を重視することになった。中学校理科学習指導要領においても、「科学の方法」が明記され、問題の発見、予測、観察、実験、測定、記録などを組み合わせて指導することが求められた。「探求の過程」としては、生徒の実験が重視され、教科書の内容も実験の方法の記述が大幅に増加した。

　しかし、1969年度版学習指導要領は、個々の単元がひとつのまとまりとして示されることが強調されるあまり、単元同士のつながりが切れてしまっている傾向がある。これは、1958年度版学習指導要領における系統性を重視する方向の上に教科の構造化が行われたためであると考えられる。1969年度版学習指導要領における海洋教育教材の記述は、第2分野の「(6) 大気とその中の循環」、「(7) 流水のはたらきと地層」の一部で取り上げられているのみであり、海に関する包括的な単元はないままである。以上のような1958・1969年度版の学習指導要領における転換は、海洋に関する学習内容にとって影を落とすこととなった。

　続いて、1977年度版の学習指導要領を見てみよう。この改訂では、次のような目標が設定されていた。

観察、実験などを通して、自然を調べる能力と態度を育てるとともに自然の
　　事物・現象についての理解を深め、自然と人間とのかかわりについて認識させる。

　すでに示したように、1977年度版学習指導要領では、「ゆとりある、しかも
充実した学校生活の中での人間性豊かな児童の育成」（いわゆる「ゆとり教育」）
が目指された。これは、1969年度版は授業時数や学習内容が多く、いわゆる「新
幹線授業」が「落ちこぼれ」をつくっているという反省をもとに行われたもの
であった。そのため、具体的には1977年度版では、授業時間数と教科内容を
大幅に削減した。それに伴い、第2節でみるように、海洋に関する教育内容は
第2分野の「地かくとその変動」という1単元のみで取り上げられるようになり、
学習指導要領の記述は減少した。

　続いて、1989年度版の学習指導要領を見てみよう。この改訂では、次のよ
うな目標が設定されていた。

　　　自然に対する関心を高め、観察、実験などを行い、科学的に調べる能力と態
　　度を育てるとともに自然の事物・現象についての理解を深め、科学的な見方や
　　考え方を養う。

　1989年度版の学習指導要領では、個性を生かす教育を目指して改訂が行われ
た。それに伴い、選択教科を取り入れ履修の幅を拡大し、習熟度別編成を図った。
理科についても、選択教科の一つとして取り入れられ、必修教科と並行して行
われるようになった。授業内容については、より一層削減が行われたが、海洋教
育に関する記述は1977年度版と同様、1単元のみで取り上げられることになった。

　続いて、1998年度版の学習指導要領を見てみよう。この改訂では、次のよ
うな目標が設定されていた。

　　　自然に対する関心を高め、目的意識をもって観察、実験などを行い、科学的
　　に調べる能力と態度を育てるとともに自然の事物・現象についての理解を深め、

科学的な見方や考え方を養う。

　1998年度学習指導要領では、完全学校週5日制が導入され、基礎・基本の徹底と教育内容の厳選が図られた。海洋教育に関する学習内容については、1947年度に学習指導要領が作成されて以降、この年度のみ「海」が入っている言葉（「海水」、「海洋」なども含めて）が0件であった。学習指導要領で示された海洋に関する教育内容は、津波に関するものだけになり、ここまで継続的に示されていた気象における海洋の影響が削除されることとなった。

　続いて、2008年度学習指導要領を見てみよう。この改訂では、次のような目標が設定されていた。

　　　自然の事物・現象に進んでかかわり、目的意識をもって観察、実験などを行い、科学的に探究する能力の基礎と態度を育てるとともに自然の事物・現象についての理解を深め、科学的な見方や考え方を養う。

　2008年度学習指導要領は、知・徳・体のバランスのとれた力として「生きる力」をよりいっそう育むことを目標とし、基礎的・基本的な知識・技能の習得を重視するとともに、思考力・判断力・表現力等の育成も同時に目指すものとして作成された。理数教育については、充実の方向で授業時数が増加されたが、海洋に関する教育内容については、1998年度版で学習指導要領本文から削除された気象における海洋の影響が復活した一方で、津波に関する内容は削除されてしまった。

　続いて、2018年度版学習指導要領を見てみよう。この改訂では、次のような目標が設定されていた。

　　　自然の事物・現象に関わり、理科の見方・考え方を働かせ、見通しをもって観察、実験を行うことなどを通して、自然の事物・現象を科学的に探究するために必要な資質・能力を次のとおり育成することを目指す。

（1）自然の事物・現象についての理解を深め、科学的に探究するために必要
　　な観察、実験などに関する基本的な技能を身に付けるようにする。
（2）観察、実験などを行い、科学的に探究する力を養う。
（3）自然の事物・現象に進んで関わり、科学的に探究しようとする態度を養う。

　前回改訂の際に取り上げられた「生きる力」は継続的に使用され、各教科を
「1.知識及び技能」、「2.思考力、判断力、表現力等」、「3.学びに向かう力、人間
性等」の3つの柱で再整理した。海洋教育教材については、気象における海洋
の影響と津波に関する内容がともに取り上げられ、現在の海洋に関する学習内
容の中心はこの2単元で構成されている。

（1）本節は、以下の文献を参考にして執筆した。
高瀬一男「理科学習指導要領の変遷」『茨城大学教育学部教育研究所紀要』第13号、1981年、35-42ページ。
高橋慶一編『シリーズ・教科教育法　5　理科教育法』明治図書、1984年。
左巻健男『授業づくりのための理科教育法』東京書籍、2004年。
山口晃弘「学習指導要領における理科教育の変遷（中学校編）『理科の教育』第57巻6号、2008年、404-405
　　ページ。
日野純一「日本の理科教育の変遷と展望」『京都産業大学教職研究紀要』第11号、2016年、19-49ページ。

第**2**節 改訂に伴う海洋教育内容の分析

　この節では、戦後における中学校の学習指導要領の改訂に伴って、海洋教育の内容が中学校の学習指導要領の中で、どのように描かれてきたかを明確にしたい。

　分析の対象は、戦後において発表されてきた9つの中学校学習指導要領（以下、指導要領と記す）である。対象となる指導要領およびその発表年度は、右の〈資料5-2-1〉のとおりである。

番号	指導要領の発表年度	番号	指導要領の発表年度
①	1947年度	⑥	1989年度
②	1951年度	⑦	1998年度
③	1958年度	⑧	2008年度
④	1969年度	⑨	2018年度
⑤	1977年度		

〈資料5-2-1〉
戦後における指導要領

　分析の方法は、第4章の第2節で行った小学校学習指導要領の際と同様である。つまり、〈資料5-2-1〉で示された9つの指導要領をもって、これらの記述の中で、海洋教育と関係のある内容がどのように書かれているかを選び出すことである。また、海洋教育と関係のある内容を選び出すために用いる方法としては、小学校学習指導要領の分析時と同じく「海」、「舟」、「船」、「潮」、「波」、「港」の6つのキーワードを用いる。その他も小学校学習指導要領の分析方法を準用する。

　次に、〈資料5-2-2〉は、戦後の指導要領において「海」が入っている言葉の件数を集計したものである。これをみると、中学校では、1958年度から「海」が入っている言葉の件数が大幅に減った。そして、1969年度以後は、次第に指導要領の中で「海」という言葉が姿を消していき、概ね小学校と同様の傾向をみせている。

　また、〈資料5-2-2〉をグラフ化したものが、〈資料5-2-3〉である。

　さらに、指導要領における主要な海洋教育の内容を一目で分かるよう整理したものが、〈資料5-2-4〉である。

第5章　中学校編　101

番号	年度	件数	単語（括弧は重複）
①	1947年度	21	海（8）、海中、海岸、海岸線、海水（3）、海流（2）、海そう（2）、海底、海上運輸、航海：10単語
②	1951年度	50	海岸（5）、海風（3）、海上、海（13）、海底（4）、海水（9）、海岸線（2）、海岸平野、海岸段丘、リアス式海岸、瀬戸内海、三陸海岸、海流（2）、海そう、海図、航海（4）：16単語
③	1958年度	17	海水（4）、海そう（2）、海（3）、海食がい、海食台、海岸段丘、リアス式海岸、海面、海面更正、海底、海流：11単語
④	1969年度	5	海洋（3）、海底、海水：3単語
⑤	1977年度	1	海岸：1単語
⑥	1989年度	1	海洋：1単語
⑦	1998年度	0	
⑧	2008年度	2	海洋（2）：1単語
⑨	2018年度	2	海洋（2）：1単語

〈資料5-2-2〉
指導要領において「海」が入っている言葉の件数

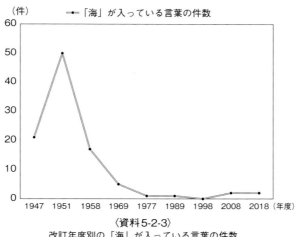

〈資料5-2-3〉
改訂年度別の「海」が入っている言葉の件数

102　●第2部　消えていく「海」──学習指導要領に即して

番号	年度	学年など	単元及び内容など
①	1947年度	第8学年	単元3　海をどのように利用しているか。
②	1951年度	第1学年	主題「自然のすがた」 単元Ⅰ　季節や天気はどのように変化するか。また、季節によってどのように変化するか。 単元Ⅱ　地球の表面はどのような形をしているか。また、それは人生にどんな影響を与えるか。 単元Ⅲ　水は自然界のどんなところにあるか。また、水は生活にどのようなつながりをもっているか。
③	1958年度	第1学年 第2分野	(2)（ア）シダ類・コケ類・海ソウ (3)（イ）川と海の作用　（エ）地かくの動き
④	1969年度	第2分野	(6) 大気とその中の循環　(7) 流水のはたらきと地層
⑤	1977年度	第2分野	(6) 地かくの変動
⑥	1989年度	第2分野	(4) 天気とその変化　(6) 大地の変化と地球
⑦	1998年度		
⑧	2008年度	第2分野	(4) 気象とその変化
⑨	2018年度	第2分野	(4) 気象とその変化

〈資料5-2-4〉
年度別学習指導要領での主要な海洋教育の内容[1]

　最後に〈資料5-2-5〉は、戦後の指導要領において海洋教育の詳細な内容を選別し、表としてまとめたものである[2]。

第5章　中学校編　103

〈資料5-2-5〉
指導要領における「海」関係記述の詳細な内容
①1947年度の指導要領（試案）

目　　　次	内　　　　　容
第3章　指導内容の一覧表	理科において指導する教材の各単元… 　　第8学年　単元三　海をどのように利用しているか
	…各単元においてどのような事がらを指導するか、その内容（学習項目）… 　　第4学年－第9学年 　　　二十七　今の陸と海ができるまでには長い時がたっている。 　　　二十八　地下や海中から役に立つものをいろいろ取り出すことができる。
第13章　第8学年の理科指導	単元三　海をどのように利用しているか。 （一）指導目標 　海に対する理解を深めるとともに、海よりとれる物の利用更生に関心を持ち、物事を正しく精しく見、処理する能力を養う。 （二）指導方法――生徒の活動 　1．海のない地方では海岸への遠足、あるいは船旅をする。 　2．世界地図によって、海の広さ・深さ・分布について調べ、話しあいをする。 　3．近在の海岸線・海水の温度・塩分・波の浸蝕状態・潮せきなどを観察し、記録する。また話しあいをする。 　4．地図によって海流を調べ話しあう。 　5．海そうの打ち上げと季節の関係について調べ、報告する。 　8．月の位置と潮せき時刻の関係について調べ、記録する。 　9．海水よりの製塩について研究し、話しあいをする。 　14．海底の地形図を作る。 　15．近在の海を利用する工業の調査をし、またその工場などを見学する。 　19．海上運輸について調べる。 （三）調査結果の考査 　3．次の事項についての理解の状態を…考査する。 　（1）海水の温度・塩分、あるいは潮せき・海流などについて。 　（2）海そうの打ち上げ…などと季節との関係。 単元四　土はどのようにしてできたか。 （二）指導方法――生徒の活動 　14．噴火・地震・津波・こう水・山崩れなどに関する新聞雑誌記事・ラジオニュースなどを集めて整理する。 　15．噴火・地震・津波、地盤の隆起・沈降などによる災害について調べ、その防止対策について研究し、話しあいをする。
第14章　第9学年の理科指導	単元一　星は日常生活にどんな関係があるか。 （二）指導方法――生徒の活動 　14．航海をするのに、なぜ正確な時計や時報が必要なのかについて考え、話しあう。 単元四　交通・通信機関はどれだけ生活を豊かにしているか。 （二）指導方法――生徒の活動 　9．波動の伝わる実験をする。 　27．港の施設を見学する。 　28．入港船トン数の調査をする。

●第2部　消えていく「海」──学習指導要領に即して

②1951年度の指導要領（試案）

目　　　次	内　　　容
第2章　中学校・高等学校理科の指導計画	理科の単元 調査結果の整理と利用 　b. わが国の裏日本や北海道では、…このような地域による特性には、<u>津波</u>の多い地域、水害の多い地域、冷害の多い地域などいろいろな場合があり、…地域の特性がとりあげられてよいであろう。
第4章　中学校理科の単元とその展開例 第1学年　主題「自然のすがた」	単元Ⅰ　季節や天気はどのように変化するか。また、これらの変化は人生にどのような影響を及ぼすか。 　＜学習の範囲と順序、学習活動＞ 　2. 風の強さや方向は朝・昼・晩でどのように変化するか。また、季節によってどのように変化するか。 　（1）季節によって風にはどのような特徴があるか 　　［教師の説明］<u>海岸</u>では時刻によって風向きがどのように変化するかを説明する。 　（4）風はどのような原因によって吹くか 　　［話合い］次のことを話し合う。b. <u>海風・陸風の吹くわけ</u> 　3. 空気中の水分はどのように変化するか 　（2）きり・つゆ・しもはどんな時に生じるか 　　［スライド］陸上や<u>海上</u>に生じる濃霧のスライドや絵を示す。 単元Ⅱ　地球の表面はどのような形をしているか。また、それは人生にどんな影響を与えるか 　＜要旨＞…わが国は面積の狭いわりに山地が多く、…狭い細長い陸地の四面は海に囲まれており…。 　＜学習の範囲と順序、学習活動＞ 　1. 地球の表面はどのようになっているか 　（1）日本の地形にはどんな特徴があるか 　　［研究と発表］グループで日本のおもな山脈・火山・川・湖・<u>海</u>などの特徴について題目を選んで研究し、発表する。 　（2）地球上には陸と水とがどのように分布しているか 　　［研究と発表］次の題目を選んで研究し発表する。 　　　a. 世界の陸地と<u>海</u>の分布の様子　　　d. 世界の<u>海底</u>の様子とその深さ 　2. 空気や水などは地表をどのように変えるか 　（2）<u>海水</u>は地表をどのように変えるか 　　［話合い］<u>海水</u>のはたらきによってできる地形にはどんなものがあるかについて、経験・絵・写真などをもとにして話し合う。 　　［研究と話合い］<u>海水</u>の侵食・運搬・たい積のはたらきについて研究し、視覚教材を利用して話し合う。 　　［野外観察と報告］<u>波</u>のはたらきと<u>海岸</u>近くのたい積の様子について、観察し報告書を提出する。 　　［研究と発表］砂州や陸けい島などを例にして<u>海水</u>の流れと地形との関係を研究し、発表する。 　4. 地震はどのようなゆれ方をするか。また、地震はわれわれにどんな災害を与えるか 　（4）地震の災害はどのようにして防いだらよいか 　　［話合いと教師の説明］次のことについて話し合い、教師はそれについて説明を加える。

a．地震津波のおそった地帯とその災害　　b．地震津波の原因
　　　c．海岸の様子と地震津波の災害との関係
　　5．地表には長い間にどんな運動が見られるか
　　（1）陸地が上昇したり下降したりすることは、どんなことからわかるか
　　　［研究と発表、教師の説明］グループで次の題目から選んで研究発表し、
　　　教師が説明を加える。
　　　・陸地の上昇について
　　　a．陸地に見られる海底のたい積物
　　　b．陸地の上昇と海岸線との関係
　　　c．陸地の上昇と海岸平野の形成　　d．海岸段丘や河岸段丘の成因
　　　・陸地の下降について
　　　a．おぼれ谷やリアス式海岸の成因
　　　b．瀬戸内海や三陸海岸の近くに見られる小島郡の成因

単元Ⅲ　水は自然界のどんなところにあるか。また、水は生活にどのようなつ
　　　　ながりをもっているか
　＜学習の範囲と順序、学習活動＞
　3．海はどんなはたらきをするか
　（1）海水はどのように動いているか
　　　［観察］海岸で、海岸線・波・波せきなどを観察する。
　　　［自由研究と報告］潮の満干の差を判定し、図にかいて報告する。
　　　［生徒の説明］潮流についての説明をする。
　　　［教師の説明］潮の満干の起るわけを説明する。
　　　［研究］参考書などによって海流を調べ、地図に記入する。
　　　［生徒の説明］おもな海流（寒流・暖流）とその気候や漁業に及ぼす影響
　　　について説明する。
　（2）海にはどんな生物がいるか
　　　［観察］浜べの生物やその環境を観察する。
　　　［研究と報告］打上げられる海そうの種類や、市場に出まわる魚の種類な
　　　どを季節ごとに調べ、表に書いて報告する。
　　　［話合い］プランクトンの季節による変化について話し合う。
　　　［図表の作製］海の生物の種類や分布についての図表を作る。
　（3）海水中にはどんなものがとけているか
　　　［実験］海水を蒸発させて塩をとる。
　　　［研究］製塩の方法を研究する。
　　　［見学またはスライド］塩田を見学する。または、海水から塩をつくるよ
　　　うすを示すスライドや写真をみる。
　（4）海の底はどうなっているか
　　　［観察と話合い］海図を観察し、海底の地形について話し合う。
　　　［説明］海底の様子、海の深さを測る方法を説明する。
　　　［研究と話合い］グループで、海の深さ・水圧・生物などについて調べて
　　　話し合う。
　（5）海は気候にどんな影響を与えているか
　　　［研究］同じ緯度の各地の気温を調べる。また、海に近い場所と離れた場
　　　所の気温を調べる。
　　　［研究と報告］昼間と夜間、および季節によっての風の変化を調べ、図を
　　　かいて報告する。
　　　［教師の説明］季節風・たい風・海風・陸風などについて説明をする。
　　　［話合い］海の気候に及ぼす影響について話し合う。

106　●第2部　消えていく「海」──学習指導要領に即して

	単元Ⅴ　地下はどのようになっているか。また、そこからどのような資源が得られるか 　＜学習の範囲と順序、学習活動＞ 　5.　地表のすがたはどのように移り変ってきたか 　(1)　化石はどんなものか。また、それからどんなことがわかるか 　　［教師の説明］次のことについて化石の標本、絵などを用いて説明する。 　　　c.　石は過去の水陸分布・気候・海の様子などの推定にどのように役だつか 単元Ⅵ　天体はわれわれの生活とどのようなつながりをもっているか 　＜要旨＞…天体は、時間・暦・潮汐・方位の決定そのほか多くの問題について、われわれの生活に密接な関係をもっており… 　＜学習の範囲と順序、学習活動＞ 　2.　地球の近くにはどんな天体があるか 　(2)　月はなぜ満ちたりかけたりするか 　　［話合い］b.　月の形の変化と潮の満干およびわれわれの生活との関係について話し合う。
第2学年　主題「日常の科学」	単元Ⅲ　家を健康によく安全で便利なものにするにはどうしたらよいか 　＜学習の範囲と順序、学習活動＞ 　5.　家を災害から防ぐにはどのようにしたらよいか 　(5)　その他の災害を防ぐには、家にどんなくふうをしたらよいか 　　［研究と発表または教師の説明］次のような災害やその防ぎ方についてグループで研究して発表する。または教師が説明する。　a.　津波 単元Ⅳ　熱や光は近代生活にどのように利用されているか 　＜学習の範囲と順序、学習活動＞ 　2.　熱はどのようにして伝わるか 　(5)　温度の上がり方は物によってどんなに違うか 　　［話合い］次のことについて話し合う。 　　　a.夏の海岸で砂地と海水の温度の違うわけ 　　　b.　海風・陸風・朝なぎ・夕なぎの起るわけ
第3学年　主題「科学の恩恵」	単元Ⅳ　交通に科学がどのように応用されているか 　＜要旨＞ここでは電車・汽車・自動車・船・飛行機などの機構とそれらの原動機のはたらきを調べ、また、道路・港・トンネル・橋その他の交通施設について学習する。 　＜目標＞　3.　船の浮力、飛行機の揚力について理解する。 　＜学習の範囲と順序、学習活動＞ 　4.　船はどうして浮ぶか。また、どのようにして進むか 　(3)　航海はどのように行われるか 　　［話合い］航海の方法について話し合う。 　　［見学］港や大きな汽船を見学し、航海のしかたについて船員の説明を聞く。 　6.　道路やその他の交通施設はどのようにつくられているか 　(3)　港にはどのような施設があるか 　　［研究と発表］…防波堤、浮標、燈台などのはたらきを調べ、図表などを使って発表する。 　　［問答］よい港の条件について問答する。 　　［見学］港を見学する。 　(4)　通信機関はどのように交通に利用されているか 　　［教師の説明］航海・航空のための通信施設について簡単に説明する。

第5章　中学校編　　107

③1958年度の指導要領

目　　　　次	内　　　　容
第2章　各教科 第4節　理科 第2　各学年の目標 　　　　および内容 第1学年	2.　内容 　A.　第1分野 　（1）水と空気を中心として、固体・液体・気体の基本的な性質および化合物・単体、元素・原子などの概念について指導する。 　　　カ　溶液 　　　（イ）海水 　　　　a.　海水には、食塩や塩化マグネシウムが溶けていることを知る。 　B.　第2分野 　（2）生物にはいろいろの種類があり、それぞれ形態上の特徴をもっているが、すべてそのからだは細胞からできていることについて指導する。 　　　イ　胞子でふえる植物 　　　（ア）シダ類・コケ類・海ソウ 　　　　b.　海ソウについて、緑ソウ類・カッソウ類・紅ソウ類の特徴を知る。 　（3）地表が水や空気などによって変化することや、地かくには地震や火山活動が起ったり、隆起・沈降、しゅう曲、断層などの現象がみられることを指導する。 　　　イ　川と海の作用 　　　（イ）海水の作用 　　　　海水の浸食・運搬・たい積の作用と、海食がい、海食台、砂州などのでき方を理解する。 　　　エ　地かくの動き 　　　（ア）土地の隆起と沈降 　　　　a.　河岸段丘や海岸段丘などの地形は、土地の隆起によってできたものであることを理解する。 　　　　b.　リアス式海岸やおぼれ谷などの地形は、土地の沈降によってできたものであることを理解する。
第2学年	2.　内容 　B.　第2分野 　（1）気象現象について、その変化の様子や原因および日本の天気の特徴を指導する。 　　　ア　気温 　　　（ア）気温の変化 　　　　b.　気温は、海面からの高度によって違うことを知る。 　　　（イ）気温変化の原因 　　　　b.　地面や海が気温の変化に関係することを知る。 　　　ウ　気圧と風 　　　（ア）気圧の測り方 　　　　気圧は水銀気圧計、アネロイド気圧計などで測ることを知り、海面更正が必要なことを理解する。
第3学年	2.　内容 　B.　第2分野 　（3）地球の表面と内部構造、地球と月の運動および太陽系と恒星について指導する。 　　　ア　地球

	（イ）地球の表面と内部 　　a. 水陸分布、陸地の高低、海底の地形などの大要を知る。 　　b. 海には海流があることを知る。 　イ　月 　（ア）月とその運動 　　c. 月の満ち欠けと潮の干満とは関係があることを知る。

④ 1969年度の指導要領

目　　　次	内　　　容
第2章　各教科 第4節　理科 第2　各分野の目標 　　　および内容	第2分野 2．内容 　（6）大気とその中の水の循環 　　　大気とその中の水の大きな循環は、おもに太陽放射のエネルギーで起こり、天気の移り変わりや各種の気象現象がそれに伴って生じることを理解させる。 　　ア　地表における水の循環と太陽放射のエネルギー 　　（ア）地表における水は、海洋から大気、陸地を通って、ふたたび海洋にもどり、大きく循環していること。 　　イ　水の蒸発と凝結 　　（オ）水の蒸発、凝結に伴って、エネルギーの出入りがあり、海洋は地球上の気温の変化に影響を与えていること。 　（7）流水のはたらきと地層 　　　流水のはたらきが地表の変化に及ぼす影響を認識させ、それと関連させて地層の特徴から堆積（たいせき）当時の環境を考察させる。 　　ア　流水のはたらきと地表の変化 　　（ウ）海底における土砂の堆積の様子は、陸地からの距離、海水の動きなどに関係があること。

⑤ 1977年度の指導要領

目　　　次	内　　　容
第2章　各教科 第4節　理科 第2　各分野の目標 　　　および内容	第2分野 2．内容 　（6）地かくとその変動 　　エ　地かくの変動 　　（ア）海岸などには、土地が隆起し又は沈降したことを知る手がかりが見られること。

⑥ 1989年度の指導要領

目　　　次	内　　　容
第2章　各教科 第4節　理科 第2　各分野の目標 　　　および内容	第2分野 3．内容の取扱い 　（5）内容の（4）については、次のとおり取り扱うものとする。 　　ウ　イの（イ）では、気象に及ぼす海洋の影響についても触れること。

第5章　中学校編　109

⑦1998年度の指導要領

目　　次	内　　容
第2章　各教科 第4節　理科 第2　各分野の目標 　　　　及び内容	第2分野 3．内容の取扱い 　(8) 内容の (7) については、次のとおり取り扱うものとする。 　　ウ　…「災害」については、地域において過去に地震、火山、津波、台風、 　　　　洪水などの災害があった場合には、その災害について調べること。

⑧2008年度の指導要領

目　　次	内　　容
第2章　各教科 第4節　理科 第2　各学年の目標 　　　　および内容	第2分野 2．内容 　(4) 気象とその変化 　　身近な気象の観察、観測を通して、気象要素と天気の変化の関係を見い 　　ださせるとともに、気象現象についてそれが起こる仕組みと規則性につい 　　ての認識を深める。 　　ウ　日本の気象 　(イ) 大気の動きと海洋の影響 　　気象衛星画像や調査記録などから、日本の気象を日本付近の大気の 　　動きや海洋の影響に関連付けてとらえること。

⑨2018年度の指導要領

目　　次	内　　容
第2章　各教科 第4節　理科 第2　各分野の目標 　　　　及び内容	第2分野 2．内容 　(4) 気象とその変化 　　身近な気象の観察、実験などを通して、次の事項を身に付けることがで 　　きるよう指導する。 　　ウ　日本の気象 　(イ) 大気の動きと海洋の影響 　　気象衛星画像や調査記録などから、日本の気象を日本付近の大気の 　　動きや海洋の影響に関連付けて理解すること。 3．内容の取扱い 　(3) 内容の (2) については、次のとおり取り扱うものとする。 　　エ　…「地球内部の働き」については、日本付近のプレートの動きを中心 　　　　に扱い、地球規模でのプレートの動きにも触れること。その際、津波 　　　　発生の仕組みについても触れること。

(1) ③の1958年度版学習指導要領より、理科については、第1分野・第2分野という2分野制が採用されてい
る。この変更に伴い、これより以前とは指導要領内での構成が大きく変わることに注意されたい。
(2) 中学校での表の作成にあたっての方針は、小学校と同様である。

―――― おわりに ――――

提言 海洋教育の可能性

小国 喜弘
（東京大学）

　本書は、1945年を画期とする戦後の小中学校理科教育において、海洋教育教材がどのように組織されてきたのかについて、1947年から50年代半ばの文部省著作教科書・文部省検定済教科書や学習指導要領の変遷を通して検討してきた。

　まず、各章で明らかにしたことを改めて整理しなおしておこう。

　第1章では、小学校・中学校の文部省著作理科教科書にどのような海洋教育教材が登場するかを概観した。特に中学校では、『海をどのように利用しているか』という教科書が1冊まるごと海洋に焦点をあてていた。

　当時の理科教育は、デューイのシカゴ実験学校で作られた科学教科書の影響を受け、民主主義の基盤としての実証主義的な精神の涵養をめざすものであった。真実が何かを追究すること、事実に即して思考すること、観察や実験を行うこと、等を重んじる理科教育の舞台として、「海洋」は格好の教材を提供することになった。海は人々の生活にとって欠くことのできない存在であり、かつ多くの未だ科学の力によって解きえぬ謎を含んでいる。魚の生態、地震のメカニズム、生命の進化過程における海の果たした役割、などなど。さらに海は、生物学・物理学・化学・地学・気象学など複合的な学問による探求を必要とする。これらの条件から、海洋は、戦後初期の理科教育において重要な学習の場となったのだ。この時期、いかに多様な理科教材が海洋を舞台として作られることになったかは、第2・第3章でも詳しく示すことになった。

　ただし、理科における海洋教育は、その後、ほぼ衰退の一途を遂げることになったといってよい。特に、高度経済成長下には、第二次産業を中心とする産業立国のための学校教育振興が国家的な課題となっており、1960年代末に公

表された学習指導要領もそのような要請の下に理科教育を構想しており、結果的には海洋は第一次産業に近いものと捉えられたのであろう、教材が減少することになった。1970年代末の学習指導要領は、ゆとり教育へと転換し、学習内容を削減したことから、海洋教育教材はさらに減少することになる。以後、小学校でも中学校でも理科教育の中で海はほとんど取り上げられなくなったこと、2007年の海洋基本法制定以降も基本的にその傾向に大きな変化がなかったことなどについて、第4・第5章で詳述することになった。

　改めて日本の学校教育は、新学習指導要領において「主体的で対話的で深い学び」、「社会に開かれた教育課程」をキーワードとして新たな転換を図ろうとしている。「主体的で対話的で深い学び」が必要とされる直接の背景は新たな産業社会の到来にあるが、より深刻なのは民主主義の危機にあるだろう。改めて「主体的で対話的」な学びは、学校をベースとした民主主義の再生に向かって組織される必要がある。戦後初期に構想されていた理科教育のように、子どもたちの直接的経験に即して、主体的に実験・観察し、そこでの発見に基づく対話の中で、真理を探究する経験を積み重ねていくことが改めて問われているのではないか。

　そのような状況において、真理を探究する精神を養う科学教育を再興するためには、人類の生存にとって不可欠な資源を提供しているだけでなく、生物学・水産学・地学・物理学など諸学の総合を通してしか解き得ぬ多くの謎を有する海洋こそ、教育の対象として改めて注目されるべきであろう。

―――― 解 題 ――――

海洋と人類の共生

田口 康大
（東京大学海洋アライアンス海洋教育促進研究センター）

　2007年に海洋基本法が施行され、学校および社会での海洋に関する教育の推進が謳われてから12年が経った。この間、私たちは、2011年東日本大震災の苛烈な津波被害、西日本豪雨や災害級の猛暑といった多くの自然災害に直面してきた。四方を海に囲まれた日本は、海がもたらす多大な恵みにあずかり、海がもたらす災いに畏怖の念を抱いてきた。自然災害に直面する度に、私たちは、自然の脅威を繰り返し思い出しては、生活が自然と密接なものであることを痛感する。そして、時間とともに忘れ去り日常を営んできた。この12年間で、海洋に関する教育は十分に推進されてきただろうか。

　今日では、海洋に関する教育は「海洋教育」という言葉で語られるようになったが、教育関係者か否かを問わず「海洋教育」はいまだ耳慣れない言葉であるだろう。イメージするものもそれぞれで異なるのではないだろうか。「防災教育」は災害を防ぐこと、「減災教育」は災害を減じることに目的があると理解されるのに対して、「海洋教育」は何を目的とし、何を教育するのかがわかりにくい。そう、海洋に関する教育の推進が十分であるかどうかを判断するためには、まずもって「海洋教育」の定義を明確にする必要がある。海洋基本法に基づくならば、海洋についての理解と関心を高め、「海洋と人類の共生」を目指すことと言えよう。つまり、海洋と人類との共生を実現するための教育が、「海洋教育」ということである。

　その「海洋教育」は果たして十分に推進されてきたのか。本書においても確認されたように、学習指導要領において「海」に関する言及が若干増えたことは事実であり、断片的ではあるものの「海」が取り上げられもした。しかし、それをもって海洋と人類の共生が進むとは感じられない。なぜなら、海洋汚染

や海洋ゴミ、海洋酸性化、海洋生物の減少など、海洋と人類の共生という理念に逆行していると思えるほどに、私たち人類は海を深刻なまでに危機にさらしているからだ。そのような状況下、海洋と人類との共生が実現すると、「海洋教育」が十分であると、果たして言えるだろうか。

　他方で、海洋教育の推進に積極的に取り組んでいる地域が全国に登場していることは特記しなければならない。たとえば、いわゆる東日本大震災の津波被災地である岩手県洋野町と宮城県気仙沼市の海洋教育の取り組みだ。いずれもが、地域全体での海洋教育を推進している。学校現場では、海をフィールドとした体験活動に力が入れられている。しかし、体験活動のみで海洋教育が構成されているわけではない。総合的な学習の時間を軸とする学校が多いが、理科や社会、音楽や図工・芸術といった教科、道徳や特別活動など、教育課程の全体にわたって構成されているのだ。海と地域との共生を実現するという目的に向かって学習内容が編成されているのである[1]。ここでは、海洋教育イコール海の体験活動という、一面的で限定的な認識は当てはまらない。

　「海洋教育」という名の下に行われているそれぞれの教育実践を見てみると、ある特徴が浮かんでくる。それは自分たちと海との関わりを、歴史や文化、自然環境などに確認しようとするものであり、地域と海との関わりという観点の元に教育を構築し直そうとする姿勢である。端的には、地域に根付く海と生きる知恵・術の探求と継承と言えるだろうか。両自治体ともに、海と地域との共生を目指し、そのために海洋教育に取り組んでいるということだ。

　さらに、それぞれの海洋教育が、地域の海にだけ目を向けているわけではないことが重要だ。地域の海の環境を考えるに、海だけを考えていればいいわけもなく、海に注ぐ川、川のはじまりである山、山に降り注ぐ雨と、自然環境のつながりの中で海をとらえることが必要となる。地域の海を考えることからはじまり、川・山とのつながり、さらには地球環境へと視点は広がり、そしてまた自分たちの地域へと戻ってくる。実際、いずれの地域も沿岸部に位置しているものの、海に近い学校もあれば、海からは遠く離れた学校もある。洋野町は、海側と山側の学校とでグループを作り、海と山、双方の視点を併せて交流しながら海洋教育を展開している。気仙沼市は、「森は海の恋人運動」で知られるように森・川・海の視点を軸の一つとしている。もしかすると、積極的に取

り組んでいるのは沿岸部に位置しているからであり、海洋教育は沿岸部のみで取り組める、取り組むべき教育であると考える人がいるかもしれない。海との関わりが強い地域であるという理由は当然あると思われる。だが、「海洋教育」として取り組まれている教育実践の内容をみると、それは地域の特殊性によらない、普遍的にして、これからの学校教育のあり方を指し示す本質があるように感じられる。

　海洋教育は沿岸部だけで取り組まれればいいものではなく、海の恵みに支えられて生きる私たち人類にとって重要な教育である。地域の特殊性によらないということは、海洋ゴミの問題ひとつとっても感じられる。地球規模で問題になっている海洋ゴミは、内陸部から川を通じて海へ流れてきているということが指摘されている。海洋環境の保全のためには、沿岸部に住む人々だけが意識を高く持てば十分とは言えず、海から遠く離れた人々も同様に意識しなければならない。また、近年の異常気象による豪雨災害や豪雪、猛暑は、海の環境変化によるものという研究結果が発表されているが、その変化を招いたのもそもそも私たちである。沿岸部・内陸部に関わらず、海の環境変化による生活への大きな影響を受けている現在、今まで以上に海に意識を向ける必要があるだろう。

　さて、これからの海洋教育はどうあるべきなのだろうか。そのことを考えるに、学習指導要領における海の取り扱いが減少し、海洋教材の豊かさが失われていくのと軌を一にするように、海の豊かさが失われているということは示唆的であるように思われる。やはり、学習指導要領から海の記述が消えていけば、学校現場での海洋教育の実践も同様に失われていくのが現実であり、海について考える機会は明らかに減少している。とするならば、学習指導要領に海の記述を増やすということが解のように思われる。それは解に至るための大きなきっかけであることは間違いないが、それをもってすぐさま「海洋と人類の共生」が達成されるわけではない。

　「海洋教育」をめぐる議論は、近年紆余曲折してきた。手段が目的化することが多く、混乱してきたように思う。皆が「海洋と人類の共生」の実現という同じ方向を向いているにも関わらず、である。ここに重大な問題があったのではないか。皆が同じ方向を向いているからこそ、「海洋と人類の共生」がいか

解題 —— 海洋と人類の共生　115

にして実現されるのかについて具体的かつ詳細な議論がなされてこなかった。「海洋と人類の共生」という理念そのものについては議論が十分になされてこなかったのである。実現されている状態とはどのようなものか、具体的なイメージを共有してこなかった。ここに海洋教育推進の課題があったのではないか。

　海洋教育をめぐる長い議論の果てに見定められる、これからの海洋教育のあり方はとても単純なものとなる。それは、「海洋と人類の共生を探求する教育」であるということだ。誰もその答えを知らない。だからこそ、探求され続けるものである。地域や文化によってその理想形を異とするかもしれないがゆえに、時には利害関係が発生し、対話が求められもするだろう。ある地域の「共生」は、他の地域の「共生」を脅かすかもしれない。海という大きく寛容な存在だからこそ、少しばかりの人間のエゴも許容してしまうが、それは後の世代へと悪影響を及ぼし、世代間の問題となるかもしれない。喫緊で解決策を見出していかなければいけない海洋問題にも直面している。海洋に関する自然科学的な視点はもちろんのこと、文化や歴史など人文社会科学的な視点も必要になるだろう。海洋と人類との関わりはとても多様で多層であろう。海洋と人類の共生は、もちろん社会全体で考えていかなければいけないものである。この時、「学校教育」における海洋教育はいかなるものであるのが望ましいのか。海洋についての特徴や、海洋が人類に与える影響など、基礎的な知識を体系的に学ぶことが重要であることは言うまでもない。たとえばアメリカには、海洋への責任ある関わり方を身につけるために、海洋の本質的原理や基本概念を体系としてまとめたOcean Literacy（海洋リテラシー）が存在している。いくつかの国においても、同様の海洋リテラシーが組織され、それを学校教育や社会教育の現場にて取り上げる動きがみられている。同様に「日本型の海洋リテラシー」を構築することは急務である。その際、本書の研究の成果は貴重な導きとなるだろう。しかし、繰り返しとなるが、海洋リテラシーを身につけることは重要ではあっても、それは目的ではない。海洋教育の目的は「海洋と人類の共生」であるからだ。

（1）岩手県洋野町と宮城県気仙沼市の事例および全国の海洋教育の実践については、以下を参照されたい。東京大学海洋アライアンス海洋教育促進研究センター編『海洋教育のカリキュラム開発－研究と実践』日本教育新聞社、2015年。『海洋教育パイオニアスクールプログラム－成果報告会資料』海洋教育パイオニアスクールプログラム事務局、2018年。

―――――― 附・資料編 ――――――

小・中学校学習指導要領解説における「海」関係記述の内容

柳 準相

（東京大学大学院）

　資料編は、小・中学校学習指導要領解説における、海洋に関する内容の記述である。

　対象は、戦後において現在までに発行されてきた7つの小学校学習指導要領指導書・解説と、8つの中学校学習指導要領指導書・解説（以下、個別には指導書または解説とし、まとめて言及する際には解説と記す）である[1]。解説およびその発行年は、以下の〈資料 附-1〉のとおりである。

番号	タイトルと発行年（小学校）	タイトルと発行年（中学校）
①	小学校理科指導書、1960年	中学校理科指導書、1959年
②	小学校指導書（理科編）、1969年	中学校指導書（理科編）、1970年
③	小学校指導書（理科編）、1978年	中学校指導書（理科編）、1978年
④	小学校指導書（理科編）、1989年	中学校指導書（理科編）、1989年
⑤	小学校学習指導要領解説（理科編）、1999年	中学校学習指導要領解説（理科編）、1998年
⑥	小学校学習指導要領解説（理科編）、2009年	中学校学習指導要領解説（理科編）、2004年（一部補訂）
⑦	小学校学習指導要領解説（理科編）、2018年	中学校学習指導要領解説（理科編）、2009年
⑧		中学校学習指導要領解説（理科編）、2018年

〈資料 附-1〉
戦後における小・中学校解説[2]

附・資料編 —— 小・中学校学習指導要領解説における「海」関係記述の内容　　117

《小学校編》(3)

①1958年度の指導書

目　　次	内　　容
第3章　各学年の内容 第2節　内容の解説 第2学年	(1)…生物に興味と親しみをもち、…生物をかわいがるように導く。 　エ．池や小川（海）の生物を観察する 　　（ア）池や小川（海）で魚・虫・貝などいろいろな動物を観察… 　　（イ）池や小川（海）で採集したいろいろな動物を水草とともに水そうに入れて観察し… 　　児童の発達につれて、行動の範囲も拡大し、…たとえば、水生の動物にしても、…第2学年になると野外の池や小川（海）のいろいろな動物、…海に近いところでは潮干狩などを利用して学習の目的に合うような海辺の生物を取り扱うことも、児童の環境に適した有効な方法になるであろう。… (2)天気の変化…など自然の変化についても興味を広げるようにする。 　ア．天気の変化に関心をもつ 　　（エ）風の向きや強さの変化については、…風が海のほうからそよそよ吹いていたとか、…を予想している
第3学年	(2)…自然現象に興味をもち、簡単な事実に気づくようにする。 　（ウ）川原の様子とそこにある石を調べる 　　（ア）川原の観察の要点を述べてある。…第4学年の川や海の水のはたらきを調べる際に扱うようにする。
第4学年	(1)…個々の生物のつくり・くらし方の著しい特徴やその違いに気づくようにするとともに… 　オ．海辺の生物の種類や生活の様子を調べる 　　（ア）海には潮の満ち干がある事実に気づく。 　　（イ）潮のひいた砂浜・潮だまりまたはいそで、貝・うにのように手に入れやすい海浜の動物を観察したり採集したりして、それらにはいろいろな種類のあることや、それらの生活の様子に気づく。 　　（ウ）海そうや海浜の植物のはえている様子を観察したり、それらを採集したりして、その性状が野山の植物と違っている点に気づく。 　　（エ）あさり・はまぐりなどのような二枚貝を観察して、貝がら・ちょうつがい・貝柱・足・入水管・出水管などのあることを知る。 　　海浜の生物については、第2学年の池や小川の生物の観察に伴って学習をした学校もあるであろう。ここでは、海浜の動物ばかりでなく、海草や海浜の植物にも観察の範囲を広げ、特に生活の様子を環境との関係でとらえる素地を作るようにすることに重点を置く。 　　なお、海に容易に出られない学校では、遠足その他の機会をとらえて指導するように計画したい。また、指導上の留意事項にもあるように、この学年で海に出られない場合には、手にはいる程度の海そうや貝などの学習にとどめ、全般は高学年で海に行く機会を利用するようにすることも考えられる。… 　　（ア）潮の満ち干については事実の観察にとどめ、… 　　（イ）貝・うにのように手に入れやすい海浜の動物としては、たとえば、二枚貝・巻貝・えび・かに・うに・ひとで・いそぎんちゃく・ふじつぼなどのように普通に見られるものを扱えばよい。 　　生活の様子とは、すんでいる場所や運動の様子、潮の干満によって状態の変

わることなどをさしている。

（ウ）海そうでは、はえている様子や、そのつくりを観察する。海浜の植物では、根が地中深くはいっていたり…特徴のあるものを扱うことでよい。

（エ）…海に遠い地域で、海産の二枚貝を手に入れにくい場合には、淡水産の…しじみなどを用いることも考えられる。この学習では、海水を入れた水そうに二枚貝を入れ、入水管や出水管を出して、水を吸いこんだり、出したりする様子を観察し、…実際に貝の内部を観察して、確かめる…

(3) …土地の様子は流水のはたらきによって、長い間に変化していくことをわからせる。

ア. 川の水の流れ方を調べる

この学習は、…川や海の水のはたらきを調べることに関連する。…

イ. 川や海の水のはたらきを調べる

（イ）海岸のがけ・砂浜の様子などから、海水にも川の水と同じようなはたらきがあることを知る。

…「川の水の流れ方」や、第3学年の「水原の様子」の学習と関連して、川の水のはたらきを調べ、そのはたらきに関連して海の水のはたらきを考え、さらに、…土地の様子がしだいに変化することを導くことなどが予想される。

…（イ）海岸で直接経験できることは、砂浜で海水の押し寄せる波打ぎわに立つと、波の動きにつれて、足もとの砂が動くことがわかる。このような経験や、川口の水路がときどき変わったりすることも、海に近い地域では観察できよう。…

(6) 自然物から、その成分を取り出すことができることを、…知らせるとともに、自然物に含まれている物質の性質に気づくようにする。

エ. 食塩水を水と食塩とに分ける

（イ）食塩水（または海水）を蒸発させ、…製塩法を知る。

…（イ）または海水とあるのは、海に近いところでは、海水から食塩を取出すことが望ましいからである。

| 第5学年 | (1) 観察・実験によって、生物の生活のしかたや育ち方などが生育の場所・食べ物や養分・温度などに関係のあることに気づき、さらに生物と人間の生活との関係を考察するように導く。… |

エ. 魚のからだのつくり・習性・ふえ方を調べる

（イ）池や海などの水を顕微鏡で観察することにより、水中には、…小さな生物がすんでいることに気づき、これらが魚のえさとなることを知る。

（ウ）いろいろな魚の種類や生活のしかたを調べて、魚には海にすむもの、川にすむもの…があることを知る。

…（イ）その地域に得られる淡水または海水の顕微鏡観察によって見られる小さな生物が、魚のえさになることを知らせる。…

(2) 風の向きを測って、季節や場所による風の変化や特徴に気づくように…

ア. 風の向きや強さを調べる

（ア）樹木の動きや、波・煙などの様子で、風の強さの程度をいくつかに分けることができることを知る。

（ウ）季節や場所（海岸・山あい）などによって、風が吹く向きやその変り方に特徴があることに気づくとともに、…

…（ア）風の強さの程度をいくつかに分けることができることを知るとあるのは、地域によって…海面の波の立ち方、煙の流れ方など、目に見える事象によっていくつかに区分することができることを知らせる。

	(3) 地層をつくる岩石や、その中に含まれている化石や地下水などを観察して、岩石や化石に関心をもたせ、地層のでき方や変化について知らせる。 　ウ．化石を観察して、そのでき方に関心をもつ 　　（イ）現在の様子と違っていたことを知るとあるのは、地層の中に海の貝の化石のあることを観察し、…大昔はそこが<u>海底</u>であったというような、大昔と現在との違いについて考えさせるくらいの程度をさしている。… (4) …太陽・月・星の動く様子をもとにして、地球が自転していることや、昼夜のできるわけを理解させる。 　ア．地球の自転と昼夜のでき方を理解する 　　（カ）<u>海岸</u>に近づく<u>船</u>が帆柱から見え始めることなどから、地球が球形であることを知る。 (6) 日常生活に関係の深い燃焼、せっけんのはたらき、酸性・アルカリ性の物質などの性質を実験により調べ、それらの性質や変化を理解させる。 　エ．せっけんのはたらきを調べる 　　（ア）ま水・食塩水などとあるのは、けん化の難易を比較する目的であるから、必ずしも蒸留水であることを要しないが、…<u>海岸</u>地方では<u>海水</u>を、温泉地方にあっては、…温泉水などを利用して…
第6学年	(2) 空気の湿り気や降水量などについて理解させ、… 　ア．空気の湿り気を調べる 　　（ア）器に入れた水が自然になくなることなどから、川・池・海などの水面や地面から、絶えず水が蒸発していることを知る。
第4章　指導計画の作成 第2節　指導事項の選定と組織	(4) 地域の自然環境に即応して、…単元の配当の時期を定めること 　…山国では、海に関係した学習がきわめて困難であり、<u>海岸</u>地方では、山に関係した学習が困難な場合も予想される。 (5) 全国的な行事や地域社会の生活や行事の特色をじゅうぶん生かすように単元を構成したり、指導の計画を立てたりすること 　…たとえば、山国では…農村では…炭田地方では…<u>海岸</u>地方では、海の生物や気象・塩田などに特色をもたせて、内容を扱うこともできる。
第5章　学習指導 第1節　学習指導の方針と方法	(6) 学習の環境を整備し、自然の事物や現象に接する機会を多くしたり、観察・実験がたやすくできるようにしたりして、児童の自主的、積極的な学習態度を助長するように指導することが望ましい 　オ．視覚教材…植物（<u>海そう</u>を含む）…岩石などの標本など (7) おもな学習活動 　ク．視聴覚教材の利用 　　小学校の理科では、…視聴覚教材によると、いっそう適切に視野を広め、学習の効果をあげることができることが少なくない。たとえば、<u>海</u>から遠いところで「<u>海辺の生物</u>」（第4学年）を学習しようとするような場合には、標本・掛け図・スライド・映画・テレビジョンなどを利用して、「<u>海辺の生物</u>」がいっそう適確に理解されるように、学習指導をくふうすることが望ましい。また「川や池の生物」についての学習では、直接経験を積むと同時にそれに関連させて、さかな屋の店頭にある<u>海</u>の生物や各種の視聴覚教材を使って、間接的な経験を有効に生かすなども一つの方法であろう。
第2節　展開例 第1学年	1．単元　石ころ（川原あそび） 9．他の単元展開のしかたの例

（1）学校の近くに石ころのある海岸があれば、そこで学習することも…

第４学年	1．単元　浮くものと沈むもの 6．展開 　第２次［指導の要点］ 1．水と食塩水のなかでの、物の浮き方が違うことは、ま水のプールで泳いだときと、海で泳いだときとでは違いがあることなど話し合って、浮くか沈むか疑問をもたせる。 7．…ビーカーなどに水を満たし、なかへ卵を入れ、あふれた水の体積を卵の体積として良い。 　○木のように浮かぶ物でも、水と食塩水のなかでは水面に出ている部分が違うことから、ま水と海水とで泳いだときの経験と結びつけるのもよい。… 1．単元　流れる水のはたらき 2．この単元の展開の立場 　　この単元の展開は、…主活動を川の現地学習とし、上流や海に関する学習はひとまず視聴覚教材をもって補っておいて、… 3．目標 　（3）川や海の水は、…削り取った石や砂や粘土を運んだり、それらを水底に積らせたりするはたらきのあることを理解する。… 5．指導計画 　第３次（2時間）前時のまとめを行ない、…海の水のはたらきを調べる。 6．展開 　第３次［学習活動］ 　3．映画またはテレビなどで海べのけしきを見て、それらはどうしてできたか話し合ったり、話を聞いたりする。 　　　　・海岸の絶壁、いそ、奇岩、ほら穴 　　　　・砂州、砂浜、石のごろごろしている浜など 　　　　・海の水と川の水とのはたらきを比べてみる 　5．雨水や川や海の水のはたらきで、長い間に土地の様子が変わることを写真・絵・スライドなどで見たけしきから話し合ったり、考えたりして、水のはたらきをまとめる。 　第３次［指導の要点］ 　3．海べに行った経験なども思い起こさせる。海の水も、流れる川の水と同じようなはたらきをすることに気づかせる。 　4．雨水も、川や海の水と同じようなはたらきのあることに気づかせる。 7．指導上の留意事項 　（2）川に落ちたり、海の波にさらわれたりしないよう事故の防止に努める。 8．評価 　（1）水のはたらきで土地の様子が変わることを、川や海のけしきについて理解できたかどうかを、…評価する。 9．他の展開のしかたの例 　（1）…上流・中流・下流、または海べなどのうち、少なくとも１か所は現地学習を行なうようにする。…
第５学年	1．単元　せっけんのはたらき… 6．展開 　第１次［学習活動］　○海水にぬれたものをせんたくした経験 　第１次［指導の要点］ 　　○汗は塩からいことに気づかせたり、海水がまじると、せんたくしてもせっけ

附・資料編 ── 小・中学校学習指導要領解説における「海」関係記述の内容　　121

	んがよくあわだたなかったことから、ま水と海水とでは、せっけんの溶け方 が違うのではないかという予想をもたせる… 　第3次［指導の要点］ 　　2. 合成洗剤は油脂せっけんと違い食塩水・海水にも溶けることからこれらの 　　なかでも使用されることを知らせる。 9. 他の展開のしかたの倒 （1）海べや温泉のある地域では、海水や温泉の水とま水とでせっけんの溶け方 を比べて、せっけんのはたらきに発展させるという方法もあろう。 （2）初めに、ま水でせっけんのはたらきを学習し、とのようなせっけんのはた らきは、海水や温泉の水ではじゅうぶん発揮できないわけを、溶け方の違いとし て究明していく展開のしかたもあろう。
第6学年	1. 単元　空気のしめり気 6. 展開 　第1次［学習活動］ 　　2. 池や川、海などの水面からも水が蒸発している事実を考える。
付録3　理科の指導と事 故防止	起こりやすい事故 野外指導の事故 （1）川やがけ下などに落ちたり、海の波にさらわれたりする。

②1968年度の指導書

目　　　次	内　　　容
第2章　各学年の目標お よび内容 第4節　第4学年	C 地球と宇宙 （3）川原の様子は、流水と関係があることを理解させる。 　エ 流水のはたらきで川岸や海べなどの様子が変わること。 　…この学年では、川の水や海べの水も、雨水と同じように土地の様子を変えた り、土や砂や石を運んだり積もらせたりすることを、流水の速さや水量と関係づ けて理解させることがねらいである。 　…このように、流水のはたらきによって…川岸や海べなどの土地は流水によっ て変わり、これからも変化するであろうと推論させたい。
第5節　第5学年	A 生物とその環境 （3）魚のからだのつくりやはたらき、産卵や成長と水の温度との関係を理解さ せる。 　…からだのつくりや内部のえらや消化管を見るためには、…地域によって は、海産の小さな魚を用いることもできよう。 C 地球と宇宙 （2）風の吹き方によって、気温が変わることがあることを理解させる。 　…海岸地方では特にはっきり現われる。… （3）地層の重なり方や地層をつくるものの特徴に気づかせ、それらを流水と関 係づけて理解させる。 　…地層をつくっている物…などを観察させることによって、それが流水で 運ばれ、…堆積した場所が海などの広い場所であったことなど、現在見られる 地層から、過去のできごとを考えさせるようにする。
第6節　第6学年	A 生物とその環境 （4）水中には、…小さな生物が生活していることを理解させる。 　ア …水のなかの小さな生物としては、淡水中にいるものと、海水中のものと があるが、地域によって見やすいものを扱うようにする。…

③1977年度の指導書

目　　　次	内　　　容
第2章　各学年の目標及び内容 第2節　第2学年	2．内容 　（2）草むら、水中などの動物を探したり工夫して飼ったりさせながら、それらの食べ物、住んでいる場所、動きなどに違いがあることに気付かせる。 　　　　…なお、海岸の近くにある学校では、干潮時の潮だまりを利用して活動させることも考えられる。
第3章　指導計画の作成と各学年にわたる内容の取扱い	3．生物、天気、川、地層などについての指導に当たっては、野外に出かけ、地域の自然に触れさせることを重視するとともに、自然の保護に関心をもたせる必要がある。 　　　　…学校においては、身近な自然での生物と自然の関係の見直しから始めて、少し離れた場所での野外観察や、夏季の臨海学校、林間学校などあらゆる機会を通して、児童に自然の重要さをとらえさせ、自然保護のための積極的な行動をとるよう指導する。

④1989年度の指導書

目　　　次	内　　　容
第3章 指導計画の作成と内容の取扱い	2．第2の内容の取扱いについては、次の事項に配慮する必要がある。 　（2）生物、天気、川、土地などの指導については、野外に出かけ地域の自然に親しむ活動を多く取り入れるとともに、自然の保護に関心をもつようにすること。 　　　　…地域の自然を理解することは、地域の自然と自分達の生活環境を見直すことにもなり、さらに進んで自然の保全、保護の大切さを認識し、自然環境と人間社会の調和に目が向くようになる。そのためには、遠足や移動教室、林間（臨海）学校などあらゆる機会を生かし、様々な自然の姿に触れることが必要である。…

⑤1998年度の解説

目　　　次	内　　　容
第4章　指導計画の作成と各学年にわたる内容の取扱い	2．第2の内容の取扱いについては、次の事項に配慮するものとする。 　（2）生物、天気、川、土地などの指導については、野外に出掛け地域の自然に親しむ活動を多く取り入れるとともに、自然環境を大切にする心やよりよい環境をつくろうとする態度をもつようにすること。 　　　　…したがって、理科の授業にできるだけ多くの野外観察を取り入れるとともに、遠足や野外体験教室、臨海学校など自然に触れ合う体験活動との関連を積極的に図ることも大切である。

⑥2008年度の解説

目　　　次	内　　　容
第3章　各学年の目標及び内容 第4節　第6学年	2．内容 B　生命・地球 （3）生物と環境 ア　生物は、水及び空気を通して周囲の環境とかかわって生きていること。 （内容の取り扱い）

附・資料編 —— 小・中学校学習指導要領解説における「海」関係記述の内容　123

目　　次	内　　容
	（3）内容の「B生命・地球」の（3）のアについては、水が循環していることにも触れるものとする。 　ア　…地球上の水は、海や川などから蒸発し、水蒸気や雲となり、雨となるなど循環していることをとらえるようにする。…
第4章　指導計画の作成と内容の取扱い	2．内容 　2　第2の内容の取扱いについては、次の事項に配慮するものとする。 　（2）生物、天気、川、土地などの指導については、野外に出掛け地域の自然に親しむ活動や体験的な活動を多く取り入れるとともに、自然環境を大切にし、その保全に寄与しようとする態度を育成するようにすること。 　　…地域教材を扱う理科の学習では、…<u>臨海学校</u>などの自然に触れ合う体験活動を積極的に活用することが重要である。…

⑦2018年度の解説

目　　次	内　　容
第3章　各学年の目標及び内容 第4節　第6学年の目標及び内容	2．第6学年の内容 　B　生物と環境 （ア）…地球上の水は、海や川などから蒸発し、水蒸気や雲となり、雨となるなど循環していることに触れるようにする。…
第4章　指導計画の作成と内容の取扱い	2．内容の取扱いについての配慮事項 　（3）体験的な学習活動の充実 　　…地域教材を扱う理科の学習では、…<u>臨海学校</u>などの自然に触れ合う体験活動を積極的に活用することが重要である。…

《中学校編》

①1958年度の指導書

目　　次	内　　容
第2章 各学年の目標および内容 第2節　各学年の内容 3　各学年の内容の解説 第1学年	A　第1分野 （1）水と空気を中心として、固体・液体・気体の基本的な性質および化合物・単体、元素・原子などの概念について指導する。 　カ　溶液 　　（イ）<u>海水</u> 　　［事項］a.　<u>海水</u>には、食塩や塩化マグネシウムが溶けていることを知る。 　　［実験・観察例］<u>海水</u>を蒸発して残分を調べる。 B　第2分野 （2）生物にはいろいろの種類があり、それぞれ形態上の特徴をもっているが、すべてそのからだは細胞からできていることについて指導する。 　イ　胞子でふえる植物 　　（ア）シダ類・コケ類・<u>海ソウ</u> 　　［事項］b.　<u>海ソウ</u>について、緑ソウ類、カッソウ類・紅ソウ類の特徴を知る。 　　［実験・観察例］<u>海ソウ</u>を観察する。

	(3) 地表が水や空気などによって変化することや、地かくには地震や火山活動が起ったり、隆起・沈降・しゅう曲、断層などの現象がみられることを指導する。 　　イ　川と海の作用 　　　（イ）海水の作用 　　　［事項］海水の浸食・運搬・たい積の作用と、海食がい、海食台、砂州などのでき方を理解する。 　　　［解説］＊波についての理論的な扱いはしない。海水の流れについては中理3年B（3）ア、イ参照。 　　　［実験・観察例］海岸の地形を観察し、海水のはたらきとの関係を調べる。 　　エ　地かくの動き 　　　（ア）土地の隆起と沈降＊　　＊段丘やリアス式海岸などは、土地の隆起・ 　　　　　　　　　　　　　　　　沈降を知る証拠であることを主眼とする。 　　　［事項］ 　　　a. 河岸段丘や海岸段丘などの地形は、土地の隆起によってできたものであることを理解する。 　　　b. リアス式海岸やおぼれ谷などの地形は、土地の沈降によってできたものであることを理解する。
第2学年	B　第2分野 （1）気象現象について、その変化の様子や原因および日本の天気の特徴を指導する。 　　ア　気温 　　　（ア）気温の変化 　　　［事項］b. 気温は、海面からの高度によって違うことを知る。 　　　（イ）気温変化の原因 　　　［事項］b. 地面や海が気温の変化に関係することを知る。 　　　［解説］＊海水は地面よりも暖まりにくく冷えにくいこと、これが気温変化に影響することを中心に扱う。 　　ウ　気圧と風 　　　（ア）気圧の測り方 　　　［事項］気圧は水銀気圧計、アネロイド気圧計などで測ることを知り、海面更正が必要なことを理解する。 　　　（エ）風の変化 　　　［事項］a. 風には日変化＊と年変化＊＊のあることを知る。 　　　［解説］＊海陸風・山谷風など。原因はア（イ）気温変化の原因と関連づけて扱う。
第3学年	B　第2分野 （3）地球の表面と内部構造、地球と月の運動および太陽系と恒星について指導する。 　　ア　地球 　　　（イ）地球の表面と内部 　　　［事項］a. 水陸分布、陸地の高低、海底の地形などの大要を知る。 　　　［解説］＊大陸の分布が片寄っていること。大山脈や海こうが大陸や海洋の周辺にあることに重点をおく。 　　　［事項］b. 海には海流があることを知る。 　　イ　月 　　　（ア）月とその運動 　　　［事項］月の満ち欠けと潮の干満とは関係があることを知る。 　　　［解説］現象的に潮の干満と月の満ち欠けとが関係あることを確かめ…。
第3章	…指導事項の選定において、その地域にある材料を利用することも望しいことであ

附・資料編 ── 小・中学校学習指導要領解説における「海」関係記述の内容　125

目　　　次	内　　　容
指導計画の作成と学習指導 第1節　指導計画の作製	る。特に第2分野では、学校周辺の学習環境をあらかじめ調査しておくとよい。たとえば、学校園、飼育動物、学校周辺の公園・林・山・川・池・海などの所在と生物の分布、実験・観察の材料と季節との関係、生物季節、著名な生物群落や集団、生物の寄生や共生などの例…などを理科教育という立場から調べておくとよい。…

②1969年度の指導書

目　　　次	内　　　容
第2章　各学年の目標および内容 第1節　各分野の目標と構成	3　第2分野の目標 （2）生物とそれを取り巻く自然の事物・現象、およびそれらの相互の関係を動的にとらえて、それらのしくみを明らかにし変化をエネルギーと関連づけて理解させ、自然界の総合的、統一的な見方や考え方を養う。 　　…また、自然界には静止しているかのようにみられる事象も、相反する要素が互いにはたらき合って平衡に達している場合が多い。海洋にすむ魚類は、一度に数千から数十万という数の産卵をするものがあるが、多くの魚は、およそその数を保っている。… （4）生物現象の理解を深め、自然界の事物・現象の調和を認識させることによって、生命を尊重する態度を養い、自然の保護に対する関心を高める。 　　…しかし、こうした自然の開発や改造も、自然界の調和を乱さない範囲にとどめることがたいせつである。たとえば、大気や海洋などは、それ自身で浄化能力を有するものであるが、その限度を越えて汚染物質が放出される場合には、各種各様の公害として人間にふりかかってくるであろう。
第2節　各分野の内容	2　第1分野の内容 （2）気体の識別と物質の分離 　おもな気体を識別する方法、および物質の特性を利用して混合物から特定の物質を分離する方法を考察させる。 　イ　物質の分離 （イ）沸点の違いや再結晶を利用して、溶液中の物質を分離することができること。 　　（イ）について 　　ここでは、前項（1）の「ウ　融点と沸点」、「エ　溶解性」と密接な関連を保ちながら指導を展開する。 　　…再結晶については、海水（食塩水）を蒸発乾固して食塩を分離する方法…など、各種の分離の操作に重点をおいて実施する。
	3　第2分野の内容 （6）大気とその中の水の循環 　大気とその中の水の大きな循環は、おもに太陽放射のエネルギーで起こり、天気の移り変わりや各種の気象現象がそれに伴って生じることを理解させる。 　ア　地表における水の循環と太陽放射のエネルギー 　　（ア）地表における水は、海洋から大気、陸地を通って、ふたたび、海洋にもどり、大きく循環していること。 　　（ア）について 　　ここでは、まず、陸地にもたらされる膨大な降水がどこからどのような経路によってもたらされるかを考察させることができるであろう。地表の約7割を占める海洋が、この水の最も大きな供給源であることは容易に推定されるであろう。…このような筋道を考察させて、地球上における水の循環についての概観をさせるとともに海洋のはたらきについても考察させる。

イ　水の蒸発と凝結
　　（オ）水の蒸発、凝結に伴って、エネルギーの出入りがあり、海洋は地球
　　　　　上の気温の変化に影響を与えていること。
　　（オ）について
　　　　海洋は水の大循環における最も大きな水蒸気の供給源であるとともに、
　　　地球上の気温の変化にも影響を与えている。このことは、1月と8月の全
　　　地球の等温線図からも推測することができる。
エ　大気の動きと気圧
　　（ア）大気には圧力があり、その強さは、時と所によって変化すること。
　　（イ）地表の不均等な暖まり方により、大小さまざまな大気の対流が生じ
　　　　　ること。
　　（ウ）地表における風向や風力は、等圧線の様子などに関係があること。
　　（イ）について
　　　　地球全体が不均等に加熱されていることについては（3）エで、取り
　　　扱ってきた。
　　　　ここでは、それを受けて、不均等な加熱が気圧差を生じそれによって、
　　　大気に対流が起こることを考察させるのがねらいである。
　　　　このため、海陸風などの局地風や、積雲のように局地的な加熱によって
　　　生じる対流を取り上げ、その原因を追求することによって、不均等な加熱
　　　が対流を生ずることを明らかにすることもできよう。

（7）流水のはたらきと地層
　　流水のはたらきが地表の変化に及ぼす影響を認識させ、それと関連させて地層
　の特徴から堆積当時の環境を考察させる。
ア　流水のはたらきと地表の変化
　（ウ）海底における土砂の堆積の様子は、陸地からの距離、海水の動きなどに関
　　　係があること。
　　　　ここでは、太陽放射のエネルギーや流水のもつエネルギーによって、地かくを
　　　構成している物質や地表が変化していく過程を具体的に認識させ、原因と結果を
　　　関連的、総合的に把握させることがねらいである。
　　　　このため、地表の岩石の分解・破壊、流水による運搬、海底の堆積を扱い、岩
　　　石の循環の一環を把握させるように内容が構成されている。
　　　（ウ）について
　　　…ここでは、海域まで、運ばれた土砂が、海水のはたらきにより、その粒度に
　　　応じてふるい分けられ、堆積場所によって違いのできることを認識させ、地層の
　　　堆積環境を推定する手がかりを得させることをねらいとしている。
　　　　このためには、小学校理科で学習した川の上流・下流の川原にある石の大きさ
　　　の違い、静水中での土砂の沈殿速度の違いの発展として、流水台などを用いた実
　　　験から、海域まで、運ばれた土砂が粒度によって堆積場所の違うことを類推させ
　　　る。あるいは、海底の粒度分布を示す資料から、堆積物の分布が陸地からの距離
　　　と関係があることに気づかせるようにしたい。このようにして、堆積作用に及ぼ
　　　す海水の作用を考察させ、海洋の機能を理解させることも重要である。
イ　地層のつくりと堆積岩
　　（ア）地層には、それをつくっている物質、粒度の大小、粒の配列などにさまざ
　　　　　まな特徴があること。
　　（イ）地層をつくっている岩石は、成因、産状、組織などに共通性があり、堆積
　　　　　岩としてまとめられること。
　　（エ）地層の新旧や、堆積環境の変化は、地膚の重なり方、構成物質、化石など
　　　　　から推定できること。

附・資料編 —— 小・中学校学習指導要領解説における「海」関係記述の内容　127

	（ア）について 　これらの学習によって、地震はおもに<u>海底</u>に堆積したと考えられるものが、現在では陸地でみられることなどから、地かくの変動に気づく生徒もいるであろう。 　（イ）について 　…総合的に考察を行なわせ、地層をつくっている岩石の多くは、陸地の岩石がこわされ、流水によって運ばれ、<u>海底</u>や湖底に堆積したものであることを推定させるようにしたい。 　（エ）について 　…また、化石による堆積環境の変化の推定では、<u>海生生物</u>の化石が含まれていれば、<u>海底堆積物</u>であることの推定ができる。さらに、扱う化石の種類によっては、堆積当時の水温や気候、<u>海岸線</u>の位置などの推定ができることに発展させることもできる。 （10）地かくの変化と地表の歴史 　…過去に起こった大地震には断層のほかに<u>津波</u>などを生じた例があることを、視聴覚教材などを利用して指導するとともに… （11）自然界のつりあいとその保護 　生物とそれを取り巻く自然の間には、つりあいがみられることを認識させ、自然を計画的に保護することの重要性を考察させる。 イ　自然の利用と保護 　（ア）自然を開発していくためにも、また自然の変化を予測するためにも、自然を深く研究する必要があること。 　（ア）について 　すなわち、地球の陸地や海についての研究が進めば、地下の鉱物資源や天然ガス・石油・石炭などの獲得がさらに可能となるであろう。
第3章　指導計画の作成 と学習指導 第2節　学習指導	4　学習指導の展開例 ［例4 地学的領域の展開］ （7）「ア　流水のはたらきと地表の変化」 　指導のねらい 　　第2分野の地学的領域の展開例として、「(7) 流水のはたらきと地震」の中から、「ア　流水のはたらきと地表の変化」を取り上げた。このおもな内容は、「(6) 大気とその中の水の循環」とともに、地表での水の大きな循環の一環をなすものであるが、同時に、<u>海底</u>での土砂の堆積は、次の地層の形成につながるものである。…特に次のようなねらいが考えられる。 　　（4）<u>海底</u>における土砂の堆積は、陸地からの距離や<u>海水</u>の動きなどに関係があることを明らかにすることによって、地層のつくりから、堆積当時の条件をある程度推定できることに気づくこと。 【展開】 第2次　流水のはたらきと流速・流量（2時間） 　（2）実習と実験 　ア　先の（1）のスライドなどで、同じ川のいくつかの地点を扱った場合は、川底の平均の傾きが、2地点の海面からの高さと2地点間の水平距離との比、すなわち、（高さの差）／（水平距離）で表わされることを説明し、地形図から、それぞれの場所の川底の傾きを調べさせ、（1）での考察と結びつける。 第3次　流水のはたらきと地形（1時間） 　　「第31図　流水台による実験」　海　〔作成者補足：図中の文字〕

	第4次　海底での堆積（2時間） 　（3）結果の考察とモデルからの推論 　イ　川口から海に流水する水によって、海水にも流れが生じることを推論させ、 　　　上の考察から、海底で堆積する粒の大きさが、川口からの距離に関係して 　　　小さくなると仮定して、第32図（a）のようなモデルを与える。 　　　　「第32図　海底の堆積物」 　　　　（a）海岸線、海　（b）海岸線　　〔作成者捕捉：図中の説明〕 　ウ　このモデルについて、次のような条件を与えて、層の重なり方について予 　　　想させる。 　　　・堆積のため海が浅くなり、海岸線がB、B'まで、前進したとすれば（海 　　　　岸線の前進には、その他どのような理由が考えられるか。）、Dではどん 　　　　な層ができるか。 　　　・また、海岸線がC、C'まで後退したとすれば、Bではどんな層ができるか。 　（4）モデルからの推論のまとめ 　イ　実際の海底での堆積では、上のモデルのような条件のほかに、川口からの 　　　水の流量の変化、波やその他の海水の動き、海底の地形など複雑な条件が 　　　考えられることに注目させたい。
第3節　評価	5　評価の具体例 　[例4]（10）「エ　地かくの変動と地表の歴史」 　　地層の観察資料から、その地層が堆積した当時の環境や状況を推定する能力 　を評価する問題である。 　　1図はある地層の様子を示すものである。B層だけから産出する化石Xは、 　比較的暖かい地方の海にすむ二枚貝のなかまで、また、C層だけから産出する 　化石Yは、比較的寒い地方の浅い海にすむ巻貝のなかまである。 　　3　化石Xの貝は、現在の海にはすんでいないという。化石Xの貝が生きてい 　た時代は、どの層からどの層までの時代か。また、このことを確実にいうには、 　さらにどんなことを調べればよいか。 　　4　化石X、Yの貝は、いずれも潮干狩をするような、きわめて浅い海にすん 　でいたと考えられている。2図の B'～D'の三つの層の厚さが、数百メートル 　の厚さとすれば、この地点の地かくの動きについて、どのようなことが推定で 　きるか。 　[解説] 　　4　では、きわめて浅い海という生息条件を一定に保ちながら、堆積が続くた 　めには、地かくが徐々に沈降していかなければならないことを推定させる問題 　である。

③1977年度の指導書

目　　　次	内　　　容
第2章　各学年の目標及 び内容 第2節　第2分野の目標 と内容	2　第2分野の内容 　（4）天気の変化 　　観測や実験を通して、天気の変化は、太陽放射に基づく水の状態変化や大気の 　動きに関連して起こることを考察させ、それらをもとにして天気変化の仕組みや 　規則性を理解させる。 　ア　大気中の水 　　（イ）について 　　　ここでは、水が蒸発する条件や雲のできるわけを学習する中で、水が地表 　　と大気の間を循環していることを理解させることが主なねらいである。

例えば、温度計の球部にぬれたガーゼを巻き付けると温度計の示度が下がることによって、水が蒸発するときには熱エネルギーが必要であることに気付かせることができるであろう。このことから、地表や海面から水が蒸発するときには莫大な熱エネルギーが必要であり、これは太陽から供給されていることに学習を発展させることも一つの方法である。

（6）地かくとその変動
　観察や実験を通して、地かくを構成している堆積岩や火成岩には、それぞれ成因にかかわる特徴があることや地かくの変化について認識させ、更に、過去の自然環境の変化を、地問に見られるいろいろな事実から考察させる。
ウ　地震とその揺れ
　（イ）地震は、特定の地域に起こりやすく、土地の変化や災害を生じることがあること。
　　（イ）について
　　　日本付近で起こる地震の分布と地震に伴って生じる土地の変化や災害について理解させることがねらいである。
　　　…規模の大きい地震は、災害や土地の変化を起こすことが多く、土地の隆起、沈降などを生じた場合には、海岸や地表にその一部を見ることができる。このような具体的な例から地球内部のエネルギーに気付かせ、過去にもこのような変化が起こったことを類推させ、「エ　地かくの変動」へ発展させる。
エ　地かくの変動
　（ア）海岸などには、土地が隆起し又は沈降した手がかりが見られること。
　　（ア）について
　　　ここでは、身近なところで土地が変化している証拠をとらえさせ、土地が過去にも変動したことを類推させることがねらいである。
　　　土地が隆起、沈降した証拠は、海岸近くで見られることが多い。例えば、貝などが生活した跡や波の浸食によって生じた地形を観察させ、そこは、以前海岸であったと考えてよい証拠を生徒に指摘させることができるであろう。更に、山の上の地図から産出する化石や地層の特徴から、土地の変動をさかのぼって考えることができるであろう。
　　　なお、ここでは、土地の隆起、沈降の原因が地球内部のエネルギーによることを類推させたり、土地の変化を知る手がかりを学ぶことが中心であって、海水面の変動などによって起こる地球規模の相対的な隆起、沈降は扱わなくてもよい。

（7）人間と自然
ア　人間の生存を支える物質とエネルギー
　（ウ）人間が利用しているエネルギー源には、過去及び現在の太陽放射によるもののほか、原子力などがあること。
　　　なお、将来のエネルギー源をいろいろと発展させて考察させると、原子力の利用や、風力、潮流、地熱などの利用が提起されるであろうが、それらの長所、短所を挙げる程度とし、利用の仕組みなどについて扱うところまでは期待していない。

④ 1989年度の指導書

目　　　次	内　　　容
第2章　目標及び内容 第2節　各分野の目標及び内容 ［第2分野］	2　第2分野の内容 （4）天気とその変化 　身近な気象の観察、観測を通して、天気変化の規則性に気付かせるとともに、様々な気象情報を活用した天気の予測の方法について理解させ、天気変化についての認識を深める。 　イ　日本の天気 　　（ア）天気図を作成し、気圧配置と風向、風力及び天気との関係を見いだすこと。 　　（イ）天気図や気象衛星画像などから、日本の天気の特徴を気団と関連付けてとらえるとともに、天気の予測ができることを見いだすこと。 （内容の取扱い） 　ウ　イの（イ）では、気象に及ぼす<u>海洋の影響</u>についても触れること。 　　（イ）について 　　　ここでは、天気図や気象衛星画像などを資料として、日本の四季の天気の特徴を日本周辺の気団と関連付けてとらえるとともに、日本付近における移動性高気圧や温帯低気圧、台風などの移動の仕方の規則性を見いだし、それを基に天気を予測する試みをさせるのが主なねらいである。 　　　日本の周辺に現れる気団としては、シベリア気団、小笠原気団、揚子江気団、<u>オホーツク海気団</u>などがあり、これらの気団や台風によって日本の四季の天気の特徴が生じることを、各季節の天気図などを比較することを通して理解させる。また、これらの気団の性質や冬の<u>日本海側</u>の豪雪など、大規模な気象に海洋が大きくかかわっていることも認識させる必要がある。ただし、<u>海水</u>の蒸発に伴う大気中の水の循環や<u>海水</u>と大気との間の熱の出入りの過程をエネルギー的な見方によって理解させることは、中学生段階では避け、現象的に理解させることにとどめる。 （6）大地の変化と地球 　大地の活動の様子や身近な地形、地層、岩石などの観察を通して、地表に見られる様々な事物・現象を大地の変動と関連付けてみる見方や考え方を養うとともに、人間の生存の場としての地球について総合的に考察させる。 　ア　火山と地震 　　（ウ）地震の体験や記録を基に、その揺れの大きさや伝わり方の規則性に気付くとともに、地震に伴う土地の変化や災害についての認識を深めること。 　　（ウ）について 　　　地震による土地の変化や災害に関しては、過去の大地震の記録や写真を基に、断層や隆起、沈降などの急激な土地の変化が生じること、及びそれに伴って建造物の破壊や<u>津波</u>などによる被害が生じることを理解させ、それらの被害を最小限に食い止めるための警報その他の防災対策に関心を持たせるようにする。 　イ　地層と過去の様子 　　（ア）地層の観察や記録を基に、地層のでき方を考察し、重なり方の規則性を見いだすとともに、地層をつくる岩石とその中の化石などを手掛かりとして過去の環境と年代を推定すること。 　　（イ）いろいろな地形の観察などを通して、大地が変動していることに気付くとともに、それを地球内部の働きと関連付けてとらえること。 （内容の取扱い） 　エ　イの（ア）については、地層を形成している代表的な堆積岩も取り上げるこ

附・資料編 ── 小・中学校学習指導要領解説における「海」関係記述の内容　131

	と。「化石」については、示相化石及び示準化石を取り上げるが、地質年代には深入りしないこと。 （イ）について 　隆起や沈降に伴う地形の観察や資料などを基に、大地は長い時間をかけて大規模に変動していることに気付かせ、その変動の要因が地質内部にあることを認識させるのがねらいである。 　土地が隆起、沈降した証拠は、<u>海岸</u>や河岸近くで見られることが多い。例えば、<u>海岸段丘</u>、河岸段丘、<u>リアス式海岸</u>などの地形を直接観察させたり、視聴覚教材で映像を見せるなどして、それらの地形が何万年にもわたる土地の隆起や沈降によって形成されたことに気付かせるようにする。
第3章 指導計画の作成と内容の取扱い	3　事故防止、薬品等の管理及び廃棄物の処理 …3　廃棄物の処理について 　有毒な薬品やこれらを含む廃棄物の処理は、公害関係の法律に従って処理する必要がある。これらの法律には、大気汚染防止法、水質汚濁防止法、<u>海洋汚染防止法</u>、下水道法、廃棄物処理及び清掃に関する法律などがある。

⑤1998年度の解説

目　　　次	内　　　容
第2章　目標及び内容 第2節　各分野の目標及び内容 ［第2分野］	2　第2分野の内容 （2）大地の変化 　大地の活動の様子や身近な地形、地層、岩石などの観察を通して、地表に見られる様々な事物・現象を大地の変化と関連付けてみる見方や考え方を養う。 　イ　火山と地震 （イ）地震の体験や記録を基に、その揺れの大きさや伝わり方の規則性に気付くとともに、地震の原因を地球内部の働きと関連付けてとらえ、地震に伴う土地の変化の様子を理解すること。 （内容の取扱い） （イ）について 　地震についての体験と地震計の記録や過去の大地震の資料などを基に、その揺れの大きさや伝わり方の規則性をとらえさせるとともに、地震に伴う土地の変化や災害の原因を地球内部のエネルギーやプレートの動きと関連付けてとらえさせることがねらいである。 …地震による土地の変化については、断層などの急激な土地の変化が生じることや<u>海底平坦面</u>が隆起する現象を扱う。また、災害については、大地震の記録や写真を基に、断層などの土地の変化に伴って生じることを扱うにとどめる。 （7）自然と人間 　微生物の働きや自然環境を調べ、自然界における生物相互の関係や自然界のつり合いについて理解し、自然と人間のかかわり方について総合的に見たり考えたりすることができるようにする。 　ア　自然と環境 （ア）微生物の働きを調べ、植物、動物及び微生物を栄養摂取の面から相互に関連付けてとらえるとともに、自然界では、これらの生物がつり合いを保って生活していることを見いだすこと。 （イ）学校周辺の身近な自然環境について調べ、自然環境は自然界のつり合いの上に成り立っていることを理解するとともに、自然環境を保全することの重要性を認識すること。

（内容の取扱い）
（イ）について
（1）環境要素別の例
（2）観察地域ごとの例
⑤海岸の生物、干潟の生物、砂浜の観察、雲の観察など。
イ　自然と人間
（ア）自然がもたらす恩恵や災害について調べ、これらを多面的、総合的にとらえて、自然と人間のかかわり方について考察すること。
（内容の取扱い）
ウ　イの（ア）については、記録や資料を基に調べること。「災害」については、地域において過去に地震、火山、津波、台風、洪水などの災害があった場合には、その災害について調べること。
（ア）について
津波については、例えば、その基になる地震の規模、震源、津波が襲来した地域や波の高さなどと被害との関係を考察させるような学習が考えられる。

| 第3節　指導計画の作成と内容の取扱い | 3　事故防止、薬品等の管理及び廃棄物の処理
　3　廃棄物の処理について
　　有毒な薬品やこれらを含む廃棄物の処理は、大気汚染防止法、水質汚濁防止法、海洋汚染防止法、廃棄物処理及び清掃に関する法律など、公害関係の法律に従って処理する必要がある。 |

⑥2003年度の解説

目　　　次	内　　　容
第2章　目標及び内容 第2節　各分野の目標及び内容 ［第2分野］	2　第2分野の内容 　（2）大地の変化 　　大地の活動の様子や身近な地形、地層、岩石などの観察を通して、地表に見られる様々な事物・現象を大地の変化と関連付けてみる見方や考え方を養う。 　イ　火山と地震 　（ア）火山の形、活動の様子及びその噴出物を調べ、それらを地下のマグマの性質と関連付けてとらえるとともに、火山岩と深成岩の観察を行い、それらの組織の違いを成因と関連付けてとらえること。 　（イ）地震の体験や記録を基に、その揺れの大きさや伝わり方の規則性に気付くとともに、地震の原因を地球内部の働きと関連付けてとらえ、地震に伴う土地の変化の様子を理解すること。 　（内容の取扱い） 　（イ）について 　　地震についての体験と地震計の記録や過去の大地震の資料などを基に、その揺れの大きさや伝わり方の規則性をとらえさせるとともに、地震に伴う土地の変化や災害の原因を地球内部のエネルギーやプレートの動きと関連付けてとらえさせることがねらいである。 　　…地震による土地の変化については、断層などの急激な土地の変化が生じることや海底平坦面が隆起する現象を扱う。また、災害については、大地震の記録や写真を基に、断層などの土地の変化に伴って生じることを扱うにとどめる。 　（7）自然と人間 　　微生物の働きや自然環境を調べ、自然界における生物相互の関係や自然界のつ

り合いについて理解し、自然と人間のかかわり方について総合的に見たり考えたりすることができるようにする。

　ア　自然と環境
　　（ア）微生物の働きを調べ、植物、動物及び微生物を栄養摂取の面から相互に関連付けてとらえるとともに、自然界では、これらの生物がつり合いを保って生活していることを見いだすこと。
　　（イ）学校周辺の身近な自然環境について調べ、自然環境は自然界のつり合いの上に成り立っていることを理解するとともに、自然環境を保全することの重要性を認識すること。
（内容の取扱い）
（イ）について
　（1）環境要素別の例
　（2）観察地域ごとの例
　⑤海岸の生物、干潟の生物、砂浜の観察、雲の観察など。
　イ　自然と人間
（ア）自然がもたらす恩恵や災害について調べ、これらを多面的、総合的にとらえて、自然と人間のかかわり方について考察すること。
（内容の取扱い）
ウ　イの（ア）については、記録や資料を基に調べること。「災害」については、地域において過去に地震、火山、津波、台風、洪水などの災害があった場合には、その災害について調べること。
（ア）について
　津波については、例えば、その基になる地震の規模、震源、津波が襲来した地域や波の高さなどと被害との関係を考察させるような学習が考えられる。

| 第3節
指導計画の作成と内容の取扱い | 3　事故防止、薬品等の管理及び廃棄物の処理
…3　廃棄物の処理について
　有毒な薬品やこれらを含む廃棄物の処理は、大気汚染防止法、水質汚濁防止法、海洋汚染防止法、廃棄物処理及び清掃に関する法律など、公害関係の法律に従って処理する必要がある。 |

⑦2008年度の解説

目　　　　次	内　　　　容
第1章　総説 （3）内容の改善の要点	追加した主な内容 　［第2分野］ 　種子をつくらない植物の仲間、無脊椎動物の仲間、生物の変遷と進化、日本の天気の特徴、大気の動きと海洋の影響、遺伝の規則性と遺伝子、ＤＮＡ、月の運動と見え方、日食、月食、銀河系の存在、地球温暖化、外来種、自然環境の保全と科学技術の利用（再掲）
第2章 理解の目標及び内容 第2節　各分野の目標及び内容 ［第2分野］	1　第2分野の目標 （3）地学的な事物・現象についての観察、実験を行い、…大地の成り立ちと変化、気象とその変化、地球と宇宙などについて理解させ、これらの事物・現象に対する科学的な見方や考え方を養う。 　　「気象とその変化」に関しては、…日本の気象の特徴を日本周辺の気団や大気の動き、海洋の影響と関連付けてみる見方や考え方を養う。

2　第2分野の内容
(2) 大地の成り立ちと変化

　　大地の活動の様子や身近な岩石、地層、地形などの観察を通して、地表に見られる様々な事物・現象を大地の変化と関連付けて理解させ、大地の変化についての認識を深める。

　ア　火山と地震
　(内容の取扱い)
　(イ) 地震の伝わり方と地球内部の働きについて

　　地震による土地の変化については、大地震の記録や写真を基に、断層などの急激な土地の変化が生じることや<u>海底平坦面</u>が隆起する現象を扱う。その際、急激な土地の変化に伴って災害が生じることや、<u>津波</u>や液状化現象について触れることも考えられる。

(4) 気象とその変化

　　身近な気象の観察、観測を通して、気象要素と天気の変化の関係を見いださせるとともに、気象現象についてそれが起こる仕組みと規則性についての認識を深める。

　ウ　日本の気象
　　(イ) 大気の動きと<u>海洋の影響</u>

　　　気象衛星画像や調査記録などから、日本の気象を日本付近の大気の動きや<u>海洋の影響</u>に関連付けてとらえること。

　　(内容の取扱い)

　　　ここでは、天気図や気象衛星画像などを資料として、日本の天気の特徴を気団と関連付けてとらえさせるとともに、日本付近の大気の動きや<u>海洋の影響</u>に関連付けてとらえさせ、日本の気象についての認識を深めることが主なねらいである。

　　(7) 日本の天気の特徴について
　　(イ) 大気の動きと<u>海洋の影響</u>について
　　ここでは、日本の気象を日本付近の大気の動きに関連付けてとらえさせるとともに、<u>海洋の影響</u>にも関連付けてとらえさせることがねらいである。

　　　…また、<u>海洋の影響</u>については、日本の天気に影響を与える気団の性質や季節風の発生、<u>日本海側の多雪</u>などの特徴的な気象に、<u>海洋</u>がかかわっていることを理解させる。

　　　例えば、天気図や気象衛星画像を用いて、冬に北西の季節風が顕著なのは、シベリアで発達する高気圧に対して<u>海洋上が低気圧</u>となるためであることや、夏に南東の季節風が顕著なのは、北太平洋に発達する高気圧に対して大陸上が低気圧となるためであることなどから<u>海洋の影響</u>を理解させることが考えられる。その際、日本がユーラシア大陸の東岸に位置するために、日本付近の気象は大陸の影響は受けながらも海洋の影響を大きく受けていることを取り上げることが考えられる。

(7) 自然と人間

　　自然環境を調べ、自然界における生物相互の関係や自然界のつり合いについて理解させるとともに、自然と人間のかかわり方について認識を深め、自然環境の保全と科学技術の利用の在り方について科学的に考察し判断する態度を養う。

　イ　自然の恵みと災害
　　(ア) 自然の恵みと災害

　　　自然がもたらす恵みと災害などについて調べ、これらを多面的、総合的に

	とらえて、自然と人間のかかわり方について考察すること。
	（ア）自然の恵みと災害について
	<u>津波</u>については、例えば、その発生の基になる地震の規模や、震源との関係、<u>津波</u>が襲来した地域の地形や<u>波</u>の高さなどと被害の大きさとの関係を考察させるような学習が考えられる。
第3章　指導計画の作成と内容の取扱い	3　事故防止、薬品などの管理及び廃棄物の処理
	（3）廃棄物の処理について
	有毒な薬品やこれらを含む廃棄物の処理は、大気汚染防止法、水質汚濁防止法、<u>海洋汚染防止法</u>、廃棄物の処理及び清掃に関する法律など、環境保全関係の法律に従って処理する必要がある。

⑧2018年度の解説

目　　次	内　　容
第1章　総説 3　理科改訂の要点	「図3 小学校・中学校理科の「生命」、「地球」を柱とした内容の構成」 地球 ・日本の気象（第3学年） 　-日本の天気の特徴 　-大気の動きと<u>海洋</u>の影響
第2章　理科の目標及び内容 第2節　各分野の目標及び内容 [第1分野]	2　第1分野の内容 （7）科学技術と人間 （ア）エネルギーと物質 　（内容の取扱い） 　㋐　エネルギーとエネルギー資源について 　㋑　様々な物質とその利用について 　㋒　科学技術の発展について 　このような科学技術の発展により、現代社会では豊かで便利な生活を送ることができるようになっていることやこれからの科学技術の可能性を理解させる。例えば、資源やエネルギー資源の有効利用、防災、医療、農林水産業、工業、交通及び通信などに科学技術が役立っている平易な例について調べさせたり、ナノテクノロジー、人工知能、ロボット、宇宙開発、<u>深海探査</u>など最新の科学技術を調べさせたりすることが考えられる。
[第2分野]	2　第2分野の内容 （2）大地の成り立ちと変化 　大地の成り立ちと変化についての観察、実験などを通して、次の事項を身に付けることができるよう指導する。 　ア　大地の成り立ちと変化を地表に見られる様々な事物・現象と関連付けながら、次のことを理解するとともに、それらの観察、実験などに関する技能を身に付けること。 　イ　大地の成り立ちと変化について、問題を見いだし見通しをもって観察、実験などを行い、地層の重なり方や広がり方の規則性、地下のマグマの性質と火山の形との関係性などを見いだして表現すること。 　（ア）身近な地形や地層、岩石の観察 　（イ）地層の重なりと過去の様子 　（ウ）火山と地震 　　㋐　火山活動と火成岩について

㋑　地震の伝わり方と地球内部の働きについて
　（内容の取扱い）
　エ　アの（ウ）の㋑については、地震の現象面を中心に扱い、初期微動継続時
　　間と震源までの距離との定性的な関係にも触れること。また、「地球内部
　　の働き」については、日本付近のプレートの動きを中心に扱い、地球規模
　　でのプレートの動きにも触れること。その際、津波発生の仕組みについて
　　も触れること。
　　　…地震による土地の変化については、地震の記録や写真を基に、断層な
　　どの急激な土地の変化が生じることや海底の平坦面が隆起する現象を扱
　　う。地震によっては、海底の地形に急激な変化が起こり、津波が生じるこ
　　とについて触れる。

（4）気象とその変化
　　身近な気象の観察、実験などを通して、次の事項を身に付けることができる
　よう指導する。
　ア　気象要素と天気の変化との関係に着目しながら、次のことを理解するとと
　　もに、それらの観察、実験などに関する技能を身に付けること。
　イ　気象とその変化について、見通しをもって解決する方法を立案して観察、
　　実験などを行い、その結果を分析して解釈し、天気の変化や日本の気象に
　　ついての規則性や関係性を見いだして表現すること。
　　　…なお、天気の変化や日本の天気の特徴が大気中の水の状態変化や大気
　　の動き、海洋の影響と関連していることを捉えさせ、気象とその変化につ
　　いて総合的に見ることができるようにすることが重要である。
　（ア）気象観測
　（イ）天気の変化
　（ウ）日本の気象
　　　㋐　大気の動きと海洋の影響
　　　　気象衛星画像や調査記録などから、日本の気象を日本付近の大気の動き
　　　や海洋の影響に関連付けて理解すること。
　（内容の取扱い）
　　ここでは、天気図や気象衛星画像などを資料として、日本の天気の特徴を気
　団と関連付けて理解させるとともに、日本の気象を日本付近の大気の動きや海
　洋の影響に関連付けて理解させることが主なねらいである。
　　　㋐　大気の動きと海洋の影響について
　　ここでは、日本の気象を日本付近の大気の動きや海洋の影響に関連付けて理
　解させることがねらいである。
　　　…また、日本の気象への海洋の影響については、日本の天気に影響を与える
　気団の性質や季節風の発生、日本海側の多雪などの特徴的な気象に、海洋が関
　わっていることを理解させる。例えば、全国のアメダスのデータと天気図や気
　象衛星画像などを用いて、冬に北西の季節風が顕著なのは、シベリアで発達す
　る高気圧に対して海洋上が低気圧となるためであることなどから海洋の影響を
　理解させることが考えられる。その際、日本がユーラシア大陸の東岸に位置す
　るために、日本付近の気象は大陸の影響を受けながらも海洋の影響を大きく受
　けていることを取り上げることが考えられる。
　（エ）自然の恵みと気象災害
　　　㋐　自然の恵みと気象災害
　　　　気象現象がもたらす恵みと気象災害について調べ、これらを天気の変化や日
　　　本の気象と関連付けて理解すること。

	（内容の取扱い） オ　ア の（エ）の⑦の「気象災害」については、記録や資料などを用いて調べること。 ⑦　自然の恵みと気象災害について 　…例えば、台風について扱う場合は、被害をもたらした過去の台風の特徴を取り上げるとともに、台風の進路に基づいて強風や高潮などによる災害の発生した状況を整理させる学習が考えられる。… （7）自然と人間 　自然環境を調べる観察、実験などを通して、次の事項を身に付けることができるよう指導する。 ア　日常生活や社会と関連付けながら、次のことを理解するとともに、自然環境を調べる観察、実験などに関する技能を身に付けること。 （ア）生物と環境 　⑦　地域の自然災害について 「（2）大地の成り立ちと変化」で火山や地震、「（4）気象とその変化」で日本の気象について学習している。 　ここでは、地域の自然災害を調べ、大地の変化の特徴を理解し、自然を多面的、総合的に捉え、自然と人間との関わり方について、科学的に考察して判断する能力や態度を身に付けさせることがねらいである。 　例えば、活断層の存在、<u>津波</u>の痕跡や資料、火山灰の分布、洪水の痕跡などを基にして、生じた自然現象と被害との関係を認識させ、ハザードマップなどを基にその被害を最小限にくい止める方法を考察させるような学習が考えられる。
第3章　指導計画の作成と内容の取扱い	3　事故防止、薬品などの管理及び廃棄物の処理 （3）廃棄物の処理について 　有毒な薬品やこれらを含む廃棄物の処理は、大気汚染防止法、水質汚濁防止法、<u>海洋汚染防止法</u>、廃棄物の処理及び清掃に関する法律など、環境保全関係の法律に従って処理する必要がある。

【調査対象資料一覧】

学習指導要領データベース https://www.nier.go.jp/guideline/

文部科学省ホームページ http://www.mext.go.jp/

文部省『小学校理科指導書』大日本図書、1960年。

文部省『小学校指導書理科編』東京書籍、1969年。

文部省『小学校指導書理科編』大日本図書、1978年。

文部省『小学校指導書理科編』教育出版、1989年。

文部省『小学校学習指導要領解説理科編』東洋館出版社、1999年。

中村紀久二監修『文部省学習指導書第13巻　理科編（5)』大空社、1991年。

文部省『中学校指導書理科編』大日本図書、1978年。

文部省『中学校指導書理科編』学校図書、1989年。

文部省『中学校学習指導要領解説-理科編-』大日本図書、1998年。

文部科学省『中学校学習指導要領解説-理科編-』（一部補訂）大日本図書、2004年。

（1）小・中・高の各学校において、2003年度に指導要領の一部改正等が行われた。中学校では、そうした
　措置に伴って理科の解説が新たに発行されたが、小学校のものは確認できなかった。したがって中学校の
　解説は小学校よりも一つ対象となるものが多くなっている。
（2）ここで引用した小学校と中学校の解説は、次の通りである。まず、小学校は、①〜⑤までは文部省が発
　刊した書物を、⑥と⑦は文科省のホームページに掲載されている文書を利用した。そして中学校は、①と
　②は中村監修の資料集を、③〜⑥まで文部省又は文科省が発行した書物を、⑦と⑧は文科省のホームペー
　ジに掲載されている文書を使用した（文科省のホームページ、http://www.mext.go.jp/　閲覧日　2018
　年12月15日)。中村紀久二監修『文部省学習指導書第13巻　理科編(5)』大空社、1991年。
（3）本資料編における表作成の方法は、本文中での指導要領の表作成時と同様である。

文部省著作教科書

私たちの科学 9

海をどのように利用しているか

中学校第2学年用

昭和22（1947）年3月30日発行

［全文掲載］

※文部科学省掲載許可申請済（2018年11月）

140

私たちの科学 9

海をどのように
利用しているか

中学校第2学年用

文 部 省

142

私たちの科学 9

海を
どのように利用しているか

中学校第2学年用

文 部 省

144

目　録

まえがき··1

1.　海　　　洋···5

2.　海水の動き···26
　　海　の　波···26
　　潮の満ち干···33
　　海　　　流···41

3.　海水の作用···49

4.　海水の成分···53

5.　海洋と生物···70
　　む　す　び···87

海洋探検船チャレンジャー号

まえがき

　海にかこまれているわが國は，海からどんな影響を受け，またどんな恩惠をこうむっているであろうか。

　海の國日本，これは私たちがよく口にし，よく耳にすることばである。なるほど，わが國は四面を海にかこまれていて，古くから航海も漁業も盛んに行われ，人々は海に親しんでいるかのようにみえる。しかし深く突っ込んで考えてみると，私たちの多くは海のことはあまり知らず，海に親しみ航海を樂しむ氣持に，非常に欠けているように思われる。そればかりでなく，海は恐ろしいものだ危險なものだという氣持が，今なお相当に人の心を支配している。

　漁業の方法，それに使う漁具は，長い間の経験によって，

2

　その地方地方に適する優れたものが生まれて來た。しかし，その扱い方は適切であろうか。たまたま，汽船トロール漁業のような機械力を多く使う漁法がはいると，ただ，濫獲の度を加えるばかりで，今日では，沿岸漁業の將來が心配される狀態になっている。どこの漁村に行っても魚や貝が年々少なくなり，大きさも昔に比べると非常に小さくなったということを聞く。これは，あながち濫獲のせいにばかりすることはできないけれども，反省すべき問題である。

　なぜこのようになったのであろうか。

　これは結局，私たちが海及びその中に生活する生物についての知識がたらず，天惠にばかりたより，多くとることばかりに走って，どうすれば，これによって私たちの生活を豊かにすることができるかということを考えなかったためである。人口が増加するにしたがって，海産物の必要の度は年々増すばかりである。これに應ずるためには，ちょうど農業のように魚貝類の保護・増殖をはかり，海洋の狀態をこまかく調べて未開の漁場を開き，海の資源を合理的に開発するようにすることが極めて大切なことである。

　海洋は陸地よりもはるかに廣く，しかも，陸地を取りかこんでいるから，陸地に対して直接・間接にいろいろ重大な影響をあたえ，私たちの生活に大きな関係がある。しかし，現在知られている海洋の知識は決して十分でなく，なお，未知の世界がはなはだ多い。將來この未知の　とびら　を開く任務

は，いわゆる海國日本の私たちの肩にかかっている．

　海洋については，たくさん知りたいことがあるであろう．

　まず，近くの海について調べることにしよう．海が近くにない所は，なるべく機会をつくり海岸に行って研究するがよい．百聞は一見にしかずという．また，湖・河などで研究できることは，できるだけこれを活用して実際に調べるがよい．

1. 海と陸とはどのようにしてできたのであろうか．
2. 海はどのくらい廣いか．
3. 海の一番深い所はどのくらいの深さで，どこだろうか．
4. 海の深さはどのようにして測るか．
5. 海底ではどのくらいの圧力が加わるか．
6. 海の中はどのあたりまで明かるいか．
7. 海はなぜ青いか．
8. 海水の温度はどのくらいか．
9. 波はどうして起るのであろうか．
10. いそ波はどうしてできるか．
11. 津浪や うねり はどうして起るか．
12. 潮の満ち干はどのように起るか．
13. 海の浅い所はどんなに利用されているか．
14. 潮流とはどんなものか．
15. 海流はどのようにして調べるか．
16. 海流はどうして起るか．
17. 黒潮・親潮はわが國にどんなに影響をあたえているか．

4

18. 海岸は海水によってどんなに変化するだろうか。

19. 海の底にはどんなものがあるだろうか。

20. 海水の中にはどんなものが溶けているか。

21. 海水の塩分はどうしてできたか。

22. 食塩はどのようにして作るか。

23. 食塩はどんな元素からできているか。

24. 食塩はどんなに有用か。

25. 海水の中には氣体が溶けている。それは，どんな働きをしているだろうか。

26. 海の生物は陸の生物とどんなに違うか。

27. 海そう(海藻)はどんなに利用されているか。

28. プランクトンとはどんなものか。

29. 波打ちぎわの生物はどんな生き方をしているか。

30. 魚はどんな所に多くすむか。

このような問題について，これから調べ，海洋研究の手がかりとしよう。

1. 海　　洋

1.　海と陸とはどのようにしてできたのであろうか

　海陸の成りたちを知ることは，とりもなおさず，地球自体の成りたちを調べることになる。

　これは，昔からの大きな　なぞ　である。私たちにも歴史があるように，地球にも歴史がある。地球の今日の姿は，想像もつかないような大きな変化を経て進んで來た歴史の一こまであり，しかも，この地球は，その変化を続けながら更に未來へと進んで行く。

　不幸にして，私たちは地震や火山の災害をたくさん経驗し，地球が決して安定なものでなく，絶え間のない変化が今でもなお行われ，私たちの生命さえおびやかされることを知っている。

　宇宙の狀態や地かく（地殻）の性質，または海陸の分布の狀態などから判断して，地球の成りたちについて，いろいろな説が立てられている。

　地球は海陸ができた初めには，おそらく，いろいろな大きな働きがいくつも重なりあって，今のような形ができたものであろう。

　大西洋の両岸の形を比較してみると，南アメリカの東岸とアフリカの西岸とは，よく似た形で対立している。もともと一つであったものが，そこに割れ目ができて，ついに今日の

6

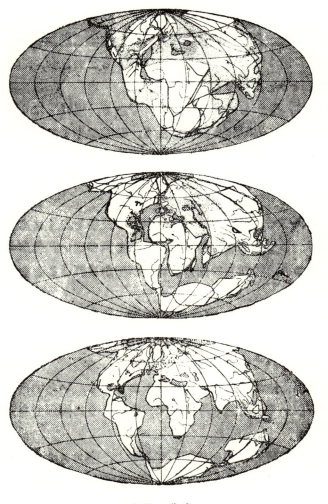

大陸の移動

7

ように互に離れたのではなかろうかという疑問が起る。インド半島もアフリカの東岸から離れたものであろう。太古はただ一つの陸塊であったものが長い間に離れ離れになり，今日のような複雑な形になったのではあるまいか。その証拠には，かつてはつながっていたと思われる地方の地質の構造や化石などがよく似かよっている。これも一つの見方であろう。

今日の陸上には，沈積岩(水成岩)が廣い地域にわたって分布している。その大部分が海底の たい積物であることからみると，過去の海陸の状態は，現在とはたいそう違っていたに相違ない。しかし，これらの沈積岩をよく調べてみると，陸地に比較的近い海底の たい積物である。

このことから推して，海と陸とができた後も，陸と海との間にはくりかえし変化が行われたであろうが，それは海陸の接触部であるほんの狭い範囲に限られ，深海の部分は昔から海であって，陸地とはならなかったであろうと考えられている。

2. 海はどのくらい廣いか

地球の全面積は，およそ 5,1000,0000 平方キロメートルあるといわれている。そのうち陸の総面積は 1,4900,0000 平方キロメートル，海の総面積は 3,6100,0000 平方キロメートルであるから，海は地球全面積の7割強にあたり，陸の約2.42倍の廣さとなる。

8

　海と陸とは，地球上に決して平等には分布されていない。

　地球儀または地図を拡げて海陸分布の状態を調べてみよう。そこにいろいろなおもしろいことを発見することができるであろう。

　大陸はどれも申しあわせたように北の方が廣くて，南に行くにしたがい，狭く三角狀にとがって南方に突き出ている。したがって，南半球は北半球よりも海が多い。

　　地球面を，陸を多く含む半球と海を廣く占める半球とに分けてみると，フランスのロアール河口を中心とする半球に陸地が多く，反対側の太平洋のニュージーランドの南東沖合を中心とした半球に海が多い。このような分け方をすると，わが國は二つに切られて，長崎は陸半球にはいるけれども，東京は水半球の方にはいる。しかし，このような分け方をしても陸半球の海の面積は52.7%を占めて，陸地よりも廣く，水半球に至ってはその 90.5% が海になるのである。(89 ページの図參照)

　　またその分布の狀態については，南極大陸を中心に，およそ 120° の間隔をおいて，(1)南北アメリカ (2)ヨーロッパ・アフリカ (3)アジア・オーストラリアの大陸が，ちょうど四面体の頂きのように存在し，その間に海水がたたえられているという見方をする人もある。

　海洋の46% は太平洋，23% は大西洋，20%はインド洋で占めている。太平洋は地球全表面の実に $\frac{1}{3}$ に近い面積を占めているのである。

　　研究　海面は平面でなく球面であることは，どのようなことから知ることができるか。

文部省著作教科書 ——『海をどのように利用しているか』　　155

9

3.　海の一番深い所はどのくらいの深さで，どこだろうか

〔近くの海についての研究〕

　海岸から海底へどんなに傾斜しているか，調べてみよう。

(1)　岸から沖の方へ距離を測りながら深さを調べ，その変化を図に表わしてみよ。

(2)　波打ちぎわから沖の方への傾きと陸の方への傾きとは，どんな関係があるか。

　陸地の周囲は急に深くなっているのではなく，海岸から水深約 200 m ぐらいまでは少しずつ深くなっている。この部分は，ちょうど陸地の すそ のような形で，大洋の底から見ると，たな のようであるから，大陸だな と呼ぶ。平均の傾斜は 1° か 2° であって，沿岸の陸地の傾斜とほぼ同じである。この部分の傾斜や廣さは，地方によっていちじるしく差がある。高い山脈のせまる近海では急深で，且つ狭く，大平原の沿海では遠浅で，且つ廣い。わが國の近海は前の場合で，黄海や東支那海の大部分は後の例である。

　陸地から運ばれる どろ土 も，たいていこのあたりまでで沈でんし，生物が最も繁殖するのもここであり，漁業上非常に大切な所である。それ以下は大陸斜面と呼ぶ傾斜面で急に深くなり，更に沖に進めば，傾斜は再びゆるやかになって大洋の底に達する。大洋の水深は大部分 2000 m から 3000 m，

深くて 5500 m ぐらいで，その総面積は地球面積の半分以上を占めている。それより深い所は多くは細長い みぞ のようになっていて，その みぞ は大洋のまん中にはなく，陸のすぐ近くに寄り添っている。これを海こう（海溝）と呼ぶ。

次の表は陸の高さと海の深さの有様を示したものである。

高さによる陸の分布				深さによる海の分布							km
3以上	3—2	2—1	1—0	0—1	1—2	2—3	3—4	4—5	5—6	6以上	
1.2	2.0	4.7	21.2	8.6	2.9	4.8	13.9	23.3	16.5	0.9%	

この表からどんなことがわかるか。

　　問　陸地の平均の高さは約900 m，海の平均の深さは約3700 m である。もし，地球を平にならしたとすれば，どのくらいの深さの海が地球の全面をおおうことになるか。

現在知られている世界最深の所はフィリピン海こうの中にあり，わが國附近の日本海こう・琉球海こう も世界有数のものである。

名　　称　（所在地）	最深
フィリピン海こう（ミンダナオ島沖）	1,0793 m
マリアナ海こう（太平洋中）	9814
日本海こう	9435
ケルマデック海こう（太平洋中）	9427
トンガ海こう（太平洋中）	9184

東亞の弧狀の列島に接して，このような深い海が横たわっていることは，世界の大山脈が大陸の縁

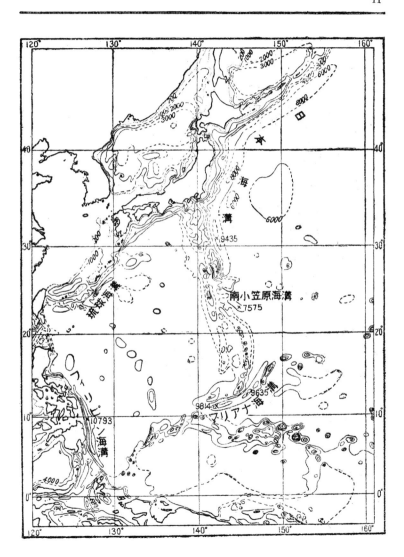

12

に多いこととともに，注目に値いすることであり，また，海洋の最深部が北半球に廣く分布しているのと同じように，陸地もまた北半球に多くかたよっていることは，たいそう興味のあることである。これは地球上の変化が北半球でことにいちじるしかったことを物語るものである。また，火山はまれには大陸の奥深い所にも存在するけれども，海岸に近い所または海岸中に特に多いことは，注意すべきことである。

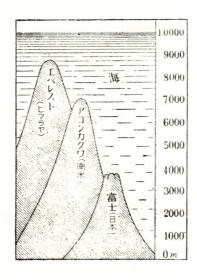

これらの深さが驚くべきものであることは，陸上の山と比べてみるとよくわかる。世界最高のヒマラヤ山脈のエベレスト山でさえも 8882 m であり，南アメリカのアコンカグワ山は 7035 m，わが國の富士山は 3776 m に過ぎない。

4. 海の深さはどのようにして測るか

科学の進歩とともに，底知れぬ海といった所は，もはや見出すことができなくなった。しかし，上にあげたような深い海を測量するには，どうすればよいであろうか。

細い鋼鉄線の末端に おもり をつるし，これを海底におろ

して，おもり の止まった所で線の長さを測り，海の深さを知る方法が廣く行われて來た。おもり が海底に着くと，その中央にしかけてある海底の砂を取る管だけ残して，おもり ははずれるようになっている。この方法によれば海底の どろ のようすも知ることができる。

　問1，　この方法にはいろいろな欠点がある。その測定値には，どんな誤りがはいるか。また，測る時にどんな注意が必要か。
　問2．　綱を上下する速さを毎秒 3 m とすれば，5000 m の深さを測るのには，どのくらいの時間がかかるか。

　近ごろでは音を利用して深さを測る方法が行われるようになった。船の底から海底にむかって出した音波が，山びこのように海底で反射して船に帰って來るまでの時間を精密に測り，これによって深さを知るのである。

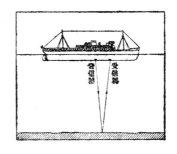

　音波の速さは，空氣中では毎秒 340 m 内外であるが，海水中では空氣中の5倍に近く，毎秒 1500 m 内外の速さである。しかし，これは海水の塩分・温度・水深によって多少違って來る。

14

　すなわち，温度が 1° 昇るごとに晋波の速さは約2％増し，塩分が 0.1％ 濃くなるごとに，また深さが 10 m 増すごとに，おのおの晋波の速さは約1％増す。したがって，海水中の晋波の進む路は必ずしも直線ではない。しかし，晋響測深の場合のように，晋波を海水中にほとんど鉛直に発した時は，その進路は直線と考えてよい。將來，組織的な晋波傳達模様の調査が進められると，水温，塩分の濃度など，海水のこまかい狀況が，はっきりするであろう。

　　問　水深 5000 m の海底を音響測深で行えば，およそ何秒で晋波が帰って來ることになるか。

　このようにして測った水深は海図に記入される。廣い大洋の海底は水深の変化が比較的少ないが，陸に近い海底は複雑な でこぼこ があり，上のようにして点々と測った水深では，絶対に安全だという航路のきめられないことがある。そのような場合には掃海測量をする。一條の鋼線の両端を二せきのモーターボートに取り附けて，静かに引くと，水中に障害物があれば鋼線にかかるから，ある一定の深さで掃海して何も感じなければ，その深さまでは絶対安全航路として利用されるわけである。

5. 海底ではどのくらいの圧力が加わるか

　水には重さがあるから，下層の水は，その上層にある水の重さを支えているために，これに等しい圧力を受ける。このことはすでに学んだ。

15

　　問　　海水の比重は場所によって少しは違うけれども，平均 1.028 である。深さ 100 m の所では，1平方センチメートルにつきどれだけの圧力を受けるか。

　海中の圧力は水深10mごとにおよそ1氣圧の割で増加するとみてよい。1,0000 m を越える世界最深の海底では，1平方センチメートルに1トン余の目方の圧力を感ずることになる。
　このように，海中の圧力は驚くべき大きなものであるから，**深海にすむ生物は，深海で生活することができるように，からだの構造がその内外の圧力に対して等しくなるように調節されている。**

　　問　　深海魚を，圧力の大きな深海から圧力の小さな海面に急につり上げた場合には，どうなるであろうか。

　人が水中にもぐることのできる深さには限度がある。潜水夫でも 100 m ぐらいが，精いっぱいである。これは海の深さからみれば，ほんの表面に過ぎない深さである。しかし，この深さでさえ，潜水夫が水中にもぐり，または逆に水中から浮き上がる場合，急速に上下すると，からだの内外の圧力の違いによる調節ができないで，故障を起すことになる。高圧のもとで血液中に溶け込んだ空氣が，急激な圧力の減少のために血管の中に小さな　あわ　となって残り，いわゆる潜水

16

病を起す原因ともなる。

　海中の上層にも下層にもともに分布している魚や，短い時間に上下する魚は，調節力が強い。

　深海に耐えるからだというのは，決して よろい のような堅固なよそおいをしていることではない。薄い一枚の紙でも，その両面から同じぐらいの圧力で押す場合には破れにくいが，鉄板のようなものでも，一方の面の圧力が小さくて，他方の面の圧力が大きい時には，容易に破れるものである。

　生物の細胞は，水がしみ通ることのできるものであるから，深海にすむ生物は水中深くはいるにつれて，細胞内部の圧力もおのずから高まり，外からの水圧でつぶれることはない。

　　問　潜水病を起した時，患者を高圧の室に入れ，徐々に圧力を減らして行くという。なぜ，このようにすればよいのか。

6. 海の中はどのあたりまで明かるいか

〔近くの海についての研究〕
1. 海・川・湖などに泳ぎに行った時，もぐって水中の明かるさを調べてみよう。
   (1) 水面を見上げた時，横を見た時，底の方を見た時。
   (2) 深さ，濁りの程度に注意せよ。

2. 海水の透明度を調べてみよう。
　(1) 直径30cmぐらいの白く塗った円板を水平になるように綱をつけて海中におろし，見えなくなる時の深さを調べよ。
　(2) 岸に近い所，遠い所。川の附近などではどんなに違うか。

　熱帯地方に航海した人で，大洋の水がいかにも澄みきって，あざやかな色をしているのに心を引かれない者はない。
　海の中はどこまで明かるいものであろうか。
　深い海の底はまっ暗であろうか。
　日光は，はたしてどれくらいの深さまで，とどいているであろうか。

　実験　澄んだ水・濁った水等に光線を通し，光が散乱する模様を調べよ。井水・河水・海水・池水・湖水・どぶ水などでは，どのような違いがあるか。

　水は光を自由に透すもののように思われがちであるが，それは水の層が薄い間のことであって，厚い層になると，どんなに澄んだ水でも，光は次第に吸収されたり散乱したりしてついには消えてしまうものである。ことに水中に小さな生物

や，どろ の粒などがあれば，それが光を反射・散乱または吸収するため，いっそう早く弱くなる。

問 少し厚い板ガラスを普通にすかして見る時と，切り口を通して見る時とで，色が違うのはなぜか。

海の透明度は，光が海中にとどく深さの大小で比較する。これには直径30 cm ぐらいの白い円板を水中におろし，水面から見えなくなる深さを測ってきめる。

世界で一番透明であるといわれている北西大西洋の そう海(藻海)では，その深さは 66 m である。暖海は一般に透明で，40 m 内外であるが，高緯度に行くにしたがって，プランクトンのような微生物の量がふえるために不透明となり，10 m 内外となる。

沿岸や内湾は陸地から どろ が流れるから，いっそう不透明で，瀬戸内海は5—15 m，黄海は5—10 m に過ぎない。日本海の中央部は比較的透明で，30 m 以上に達する所もある。

しかし，この透明度板による方法は，水中の明かるさを調べるのにはあまり完全なものではない。板が見えなくなるのは，板から反射されて來る光がすっかりなくなった時でなく，板とその周囲の水の明かるさとの区別がつかないようになったまでである。これは，ちょうど白盡星が見えなくなるのと似ている。

その上，反射光線は途中で吸收されて弱るから，光は實際には透明度板で測ったよりも，はるかに深くはいっていると考えられる。それで，光に感じやすい写眞の乾板を海中のいろいろな深さにおろし，その感光する限度を測る方法も行われている。

これによると，私たちの目でいくらか明かるさを感ずるのは，平均 50 m 前後であって，鋭敏な 写眞 の乾板に感光するかしないかの境は 1000 m ぐらいと考えられる。しかし，この辺は，もはや肉眼では とこやみ の世界である。

7. 海はなぜ青いか

海岸に立って海面をながめると，岸に近い所は緑色をおび，沖合ほど青い。赤道から南または北へ，暖海から寒海へ，深海から浅海へ航海する時，必ず水色にいちじるしい変化が認められる。

南の暖かい海や暖流域は，あい色または青色を呈し，北の寒い海や寒流域は，緑色または青緑色を呈している。それは，前者は深海と同じように，濁りや微生物に乏しくて清く澄んでいるのに反し，後者は浅海のように，それらのものに富んでいるためである。

コップに水を取ってすかして見ても無色透明に見える。しかし，大きなタンクに水を満たして見ると，多少緑がかって來る。これはなぜであろうか。

20
───────────────

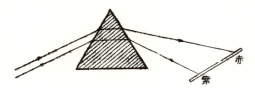

実験 太陽の光を, 細いすき間から暗室の中に導き, 三角形のプリズムで屈折させた後, 白い紙の上に受けて見よ。この時にできた色の帯をスペクトルという。

すき間を赤ガラスでおおうとスペクトルはどうなるか。
青ガラスの時はどうか。

太陽の光線は, にじ で見るように, 赤・だいだい・黄・緑・青・あい・紫の, ほぼ七色の光の集まったものである。赤ガラスは赤以外の色光を吸収して, おもに赤だけを通過させる。光源から出た光線が物体に達して, その中の一部が吸収され, 残りが透明体の色として見られるのである。

実験 白紙と黒紙の上に赤インキと朱で文字を書き, どんなに見えるか注意せよ。

白紙の上に書いた赤インキと朱の文字は, 両方ともはっきり見えるのに, 黒紙では朱の文字は見えるが, 赤インキの文字ははっきりわからないのはなぜか。

水で光が吸収される度合は, 光の色によってたいへん違い, 赤・だいだい・黄・緑・青・あい・紫の順で小さくなる。

太陽の白い光が海水の中にはいって行くと，赤色が吸収され，それから下に行くにしたがい，だいだい・黄と消えて行き，青が最後まで残って最も深い所までとどく。したがって，海中にある光はその性質が陸上の光とは違い，また海中でも深さによって違って來る。潜水すると，まわりの光は青白くなり，深さによってその色合も変化するのが見られる。

水色は，水面で反射された光と，このようにして水の中で吸収された残りの光と，散乱した光とがまじったものである。

水に濁りがなければ，深い所のたくさん残っている青色が散乱されて見えるから，水はますます青くなる。散乱は吸収と違って，青色の方がいちじるしい。水が濁っていて，微粒子が多いと，散乱される青色に，表層附近のまだ十分に選択吸収されていない緑・黄・だいだい・赤などの光が反射されてまじるから，微粒子が多くなるにしたがって緑から次第に黄味がかって來る。

研究　空の色の青いのはなぜであろうか。

このように，海の色は青またはこれに近いのが普通であるが，時にはプランクトンがいちじるしく繁殖して，桃色や赤色を呈することがある。紅海が赤色を呈するのは，らんそう(藍藻)類が繁殖するためであって，赤潮または苦潮と呼ばれるものは，おもに虫そう類により水が赤くなって見えるので

ある。黄海の濁りは黄河から吐き出す どろ のためであって，
生物のためではない。

8. 海水の温度はどのくらいか

〔近くの海についての研究〕

   1. 海岸の乾いた砂の温度，ぬれた砂の温度，海水の温
度を測ってみよ。

     (1) 朝・晝・晩ではどんなに変わるか。

     (2) 氣温も測って比較してみよ。

   2. 水温は岸に近い所と遠い所とでは，どんなに違うか。

     (1) 岸から沖へむかって狭い範囲を詳しく調べよ。

     (2) 氣候の変化と，どんな関係があるか。

   3. 海水浴の時，深さによって水温がどう変わるか調べ
てみよ。

次のことがらについて，その理由を考えてみよ。

   1. 海水の表面は絶えず太陽や暖かい空氣のために暖めら
れる。海面の温度は熱帯地方でも 28°内外，高温で知られて
いる紅海やペルシア湾の水温でさえ 35°を越えることは少な
い。氣温でこの程度のものは，わが國でもしばしばみられる。

   2. 陸上の氣温は冬季 −20°，−30°になる地方は珍しくな
いが，洋上の水温は −2°をくだることは少ない。

23

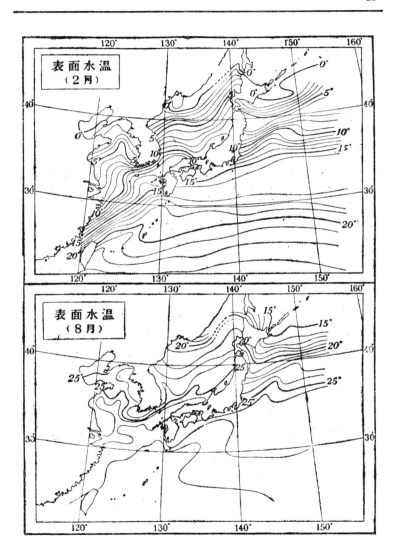

24

　3. 大洋の中で一日の水温の変化は，朝の5時ごろが最も低く，午後の4時ごろが一番高い。一年中の変化は大洋では少なく，特に熱帯・寒帯地方では，夏冬の水温の差はわずかである。北半球の温帯地方の近海では大陸の影響を受けて，その差が大きい。特にアジア大陸の東岸ではいちじるしい。

　水温の一番高い月は八，九月ごろであって，一番低いのは二，三月ごろである。陸地の気温の変化と比べてみよ。

　4. 海岸の気候は山地の気候に比べて，一般に温和である。
　5. 深海の水温は1°内外の低温で水平的の差はごく小さい。

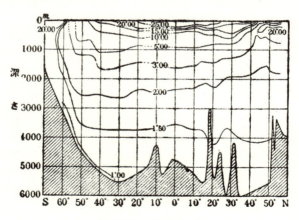

海面下の水温分布

　以上の問題は次のことがらを土台にして考えてみるがよい。

　1. 表層の水は波・対流，海水の流れ等で常に動揺し，また，下層の水を混合し熱が上下に移動する。しかし，その移動の仕方は緩慢である。

25

2. ある物質 1 g の温度を 1° だけ高めるのに必要な熱量をカロリーで表わした値を，その物質の比熱という。水の比熱の値は1である。これは，水 1 g の温度を 1° 高めるのに 1 カロリーの熱が必要であるということである。海水の比熱は約 0.95，空気は 0.24，岩石はおよそ 0.2 であって水の比熱が一番大きい。比熱が大きいということは，暖まりにくく，さめにくいということである。

3. 水の蒸発は絶えず行われ，ことに暖海では盛んである。水が同温度の蒸気に変わるためには，たくさんの熱（1 g の水につき 539 カロリー）が必要である。

4. 水を氷にするには熱を奪い，氷を水にするには熱をあたえなければならない。水と共存する 0° の氷 1 g を全部 0° の水にするには 80 カロリーの熱をあたえる必要がある。一般に 1 g の固体が同温の液体に変わるためについやされる熱量をその物質の融解熱という。水の融解熱が 80 カロリーであるということは，言い換えると水が凍る時には周囲の 80 倍の量の水の温度を 1° だけ上げるのに足りる熱を出すことである。

5. 水は 4° 附近で最も比重が大である。氷は水より軽い。

研究1. 湖でその表面が凍る時，底の温度はどのくらいになるか。

研究2. たい風（颱風）が熱帯地方の海上に発生するわけを考えてみよ。

26

2. 海水の動き

海べには明けても暮れても大浪・小波が打ちよせている。波静かな浦にも，潮が満ちたり干たりする。はてしない大海にも，川のように絶えずある方向に流れて行く海流がある。このように，海は寸時も休みなく運動を続けているのである。

海の波

〔近くの海についての研究〕

1. 波の大きいのはいつごろか。静かなのはいつごろか。
   ○ 地形とどんな関係があるか。
2. 風と海面の状態とに注意しよう。（巻末の表参照）
   (1) 吹き流しを使って風速を測り，その傾き方と海面の状態とを調べてみよ。
   (2) 鏡のような時，さざなみがある時，白波がある時，大浪がある時，三角波が見られる時。
   (3) どんな風向きの時に波が高くなるか。

波の高い所を山，低い所を谷という。山から次の山まで，または谷から次の谷までの長さを波長といい，山から谷までの高さを波高という。

3. 大浪または うねり のある日に泳ぐと，からだは波でどのように動かされるか。

1. ある時は私たちを慰め，ある時は恐怖の底に引きこむ波，この波はどうして起るのであろうか

実験 静かな水面に石を投げると，石が水中に落ちた点から円形の波がすべての方向に一様の速さで進んで行く。水面のところどころに小さな木片を浮かべて，波の進む方向と木片の動き方とを注意して見よ。

上の実験で，水の各部は上下に運動し，波といっしょに進んで行かないことがわかる。しかし更に注意すると，この木片は波のまにまに上下に運動するとともに，波の山に浮かんだ時は波の方向に，波の谷に沈んだ時は後方に，一進一退するようすが認められる。

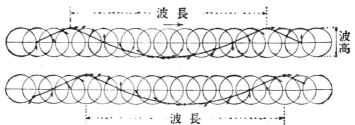

これを更に詳しく調べてみると，波は水の各部が順次に少しずつおくれて円運動に近い運動をくりかえすために，水面

28

に高低ができ，円の直径に等しい高さの波が現われるものである。

　海面に波が起る時，その運動は表面だけでなく下の方にも起っている。しかし，動いている水の部分の円運動の半径は，表面から水中にさがるにしたがって急に小さくなる。深さが波長に等しい所では，表面の約 $\frac{1}{500}$ となる。したがって，わずかな深さでも波の力は弱まり，下の方の大部分の水は，ほとんど波の影響をこうむっていないのである。どんな大荒れの時でも，水面下 400—500 m の深い所では全く靜かである。

　波の大きさを測ることは，実際には非常にむずかしいこと

である。波の高さのようなものも，傾斜している船の上からは高く見誤りがちである。

　普通の波の速さは毎秒 11—15 m で，波長は 65—133 m，周期*は 5—10 秒であって，波高と波長との比は平均 1:30 である。波の高さは暴風雨の時には 15 m に達することがあるとのことであるが，10 m 以上のことはまれである。

＊　いろいろな運動または変化において，同一時間ごとに同一の狀態がくりかえされる場合，その時間を周期という。

| | | | 29 |

波 の 階 級 表

階級	用　　語	説　　　明	波の高さ(m)
0	穏やか	鏡のようである	0
1	ごくなめらか	わずかに さざなみ がある	0.3以下
2	なめらか	さざなみ が立つ	0.3 — 0.6
3	少々波あり	こまかい白波が見える	0.6 — 1.0
4	波かなりあり	全部白波となる	1.0 — 1.5
5	波やや荒し	白波が高い	1.5 — 2.5
6	波荒し	大波となる	2.5 — 4.0
7	波高し	大波が高い	4.0 — 7.0
8	波はなはだ高し	どとう(怒濤) が非常に高い	7.0 — 13.0
9	どとう	どとう が山のようである	13.0以上

2. いそ波はどうしてできるか

〔近くの海についての研究〕

砂浜に打ちよせる波を調べよう。

(1) 岸に近づいた波は, どの辺から崩れて いそ波になるか。海の深さと, どんな関係があるか。

(2) 風向きに注意し, 沖の方の波の進む方向と岸に打ちよせる波の方向とを比べてみよ。海岸の形とどんな関係があるか。

遠浅の海岸では, 深い所では見られない いそ波が見られる。

30

波の山の線は，深い所では多く風に直角にならんでいるが，海岸に來ると，風向きに関係なく岸に平行になって行く。沖合では目立たないような波でも，海岸に近よると波長は次第に短くなるが，高さはだんだん増し，波の頭は次第に前に傾いて，ついに崩れて來る。

このようになる いそ波はどうしてできるのであろうか。

波長が海の深さに比べて非常に大きな時には，長波といって普通の波と区別する。長波の速度は，水深が深いほど速く，浅いほどおそいものである。浅くて廣い たらい の水を，たらい を持ち上げて振動させてできる波も長波である。

普通の波も，深い所から浅い所に來るにしたがって，波長と水深との割合が長波の場合に近づいて來る。

岸に対して，ある傾きをもってよせて來た波について考え

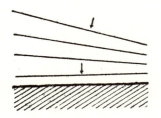

てみると，岸に近い浅い所の波は速度がおそいので，深い部分の波に対し，足踏みをして歩調をゆるめ，波のへだたりは縮まって，波の峰は次第に海岸に平行になる。

また，水深の大きい波の山の部分は，その前方にある水深の小さい波の谷の部分に比べて速度が速いから，山の部分は前の波の谷にせまり，そのために波の前面がけわしく盛り上がって，ついに崩れて眞白くあわ立ちながら海岸に押しよせるようになる。この さかまき は海底の摩擦で底の水の動き

が妨げられるためや，前に打ち上げられた水が底引きとなって沖へ逆流するために，いっそうひどくなる。

　　研究　浜べに図のような小さい出っ張りがあると，その前方は遠浅であって，且つ矢印のような水流が起るわけを考えよ。また，このような所で泳ぐとどうなるか。

3. 津浪や うねり はどうして起るか

〔**近くの海についての研究**〕
　うねり と普通の波とは，どんなに違うか。
(1)　どんな時に うねり が見られるか。
(2)　氣象の変化と うねり とは，どんな関係があるだろうか。

　地震の時に長波が起ることがある。1896 年（明治 29 年）三陸沖の地震の時に起った長波は，7 時間 44 分後にはハワイに，10 時間 34 分後にはサンフランシスコに達している。この値から計算してみると，この波は平均速度毎秒 210 m ぐらいで，波長は太平洋の平均の深さ 5000 m の 150 倍に近い 720 km となり，日本とアメリカとの間にわずかに 12 ぐらいの波の山し

かない雄大な浪である。

　このような波が海岸，特に外洋に面したラッパ形に開いた湾にはいると，高い水の壁となって押しよせ，大きな被害をあたえる。これが津浪である。三陸沖の地震の際には，沿岸地方は高さ 24 m にも達する津浪におそわれ，でき死者二万数千名を出している。昭和 21 年 12 月 21 日紀州西南沖の地震のために起った津浪の被害は，世人の記憶に新たなところである。津浪は地震の時にばかり起るものでなく，海中火山の噴火の際にも起る。

　この津浪ほど急激ではないが，たい風がおそうような暴風雨の時にも津浪が起ることがある。たとえば，昭和 9 年 9 月 21 日の室戸たい風が大阪湾附近を通り過ぎる時に，南西の風が強く吹いて，沖から海水を大阪方面へ押しつけ，その上，潮位が高かったため，大阪市内へ津浪がおそって來て，はなはだしい被害を起したことがある。

　また，風波の特殊な現象として うねり がある。うねり は，波長が非常に長く，波の高さが比較的小さいものであって，波の山がまるみをおびている。それ故，波の山のとがっている普通の波とは容易に見分けることができる。　うねり は大きな たい風の中心にできる波で，中心から四方にひろがって進行し，その速度も たい風の進行速度より速く，かなり遠方までとどく。それ故，うねり は たい風の前ぶれのようなものともみられる。わが國の太平洋岸で，夏季，土用波といわ

れる波はこの うねり で，南方洋上にある たい風の中心から
來るものである。

潮 の 満 ち 干

　海べに住む人々にとって，春にふさわしい樂しみの一つは
潮干狩である。この潮の満ち干は，地球に海ができて以來絶
えることなくくりかえされたことであろう。したがって，海
岸地方に住む人たちには古くから氣づかれていたに違いない。
月の位置や形と潮の満ち干のようすとの間に深い関係がある
ことは，紀元前300年ごろすでに知られ研究されていた。現
今の潮の満ち干に関する考え方が芽生えたのは 16 世紀の後
半ごろからで，ニュートンが出るに及んで，その基礎が確立
されたといってよいであろう。

1.　潮の満ち干はどんなふうに起るか

〔近くの海についての研究〕
　1.　海水が満ちたり干たりするようすを調べよう。
　　(1)　満潮時と干潮時との波打ちぎわの距離を測ってみ
　　　よ。
　　(2)　波の静かな場所をえらび，目盛をした棒を立てて，
　　　水面の高さの変化を調べよ。
　　(3)　普通，海水の満ち干は一日に何回起るか。

(4) 満潮の時から次の満潮の時までの時間，干潮の時から次の干潮の時までの時間を測ろう。
2. 潮の満ち干は月齢とどんな関係があるだろうか。
(1) 一箇月の中で満ち干の差が一番大きな時，小さな時はいつか。
(2) 一年中ではいつか。

次の図は房総半島の端の布良と東京における潮の満ち干のようすを示すものである。この図からどんなことがわかるか。

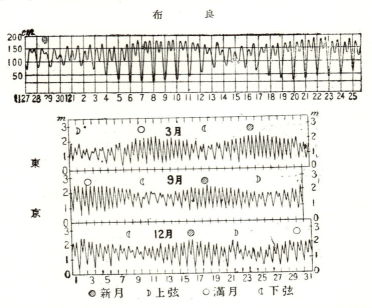

海べで潮の満ち干を調べてみると，海水が一日に2回昇降

35

し，それにつれて海水が動いていることがわかる。この現象
は，一年中少しも休まずにくりかえされ，ちょうど地球の呼
吸または脈はく にもたとえることができる。

　満潮から次の満潮，干潮から次の干潮になるまでの時間は，
多少変化するけれども，平均12時25分である。したがって，
一晝夜24時間に正しく2回ではなく，毎日50分ずつおくれ
るのが普通である。

　一日2回の満潮または干潮を比べてみると，その高さも，
その間隔もまちまちであって，不同のはなはだしい所になる
と，一日1回の満ち干しかない日が多くなる。世界で不同の
はなはだしい所はメキシコ湾・マニラ湾・トンキン湾などで，
わが國にも不同の地方が相当ある。月の出入りと潮の満ち干
の周期とは一致しているけれども，海水には慣性*があり，ま
た海の深さや海岸線などの影響があるから，実際の潮の満ち
干はずっと複雑で，月が頭の上に來た時に満潮になるとは限
らない。所によってかなり大きな違いがあるが，同じ土地で
はほぼ一定している。たとえば，東京霊岸島では，月が子午
線を通ってから5時43分で満潮が現われる。これを平均高
潮間げき という。

　満潮・干潮の水面の差も，場所によって驚くほど違ってい

---

* 　外から少しも力が働かない時には，初め静止していたものはいつまでも静止
し，動いていたものは一直線上で同じ速さで動き続ける。物体のこのような性質
を慣性という。

て，海岸に住む人々の生活に影響するところが大きい。

　この潮差は，月齢によって増減し，新月及び満月後 1—3 日ごろは最大で，上弦及び下弦の後 1—3 日ごろは最小である。

　潮の満ち干は太陽と月からの力によって引き起される。したがって，満月や新月の時のように，地球から見て月と太陽とが一直線に近くなる時には，その影響は強めあい，干満の差は大きくなる。これが大潮である。

　太陽と月がともに赤道の近くに位置を占めている時には，その現象は特にいちじるしくなる。それが春分・秋分に現われる彼岸の大潮である。

　これと反対に，太陽と月が直角の位置にある上弦・下弦の時は，互に潮を起す力が消しあって小さくなる。これが小潮である。

　次のページの表からどんなことがわかるか。

　潮差の大小は，港湾・沿岸航海・沿岸漁業・製塩業などに大きな関係がある。潮差の大きい浅い港では，船は潮どきをみないで出入することは危険であるし，荷役することもできないこともある。

　　問　満潮時に たい風や地震がある場合，どのような注意が必要か。

文部省著作教科書 ── 『海をどのように利用しているか』

地　　名	平均高潮間げき		大潮差	小潮差	地　　名	平均高潮間げき		大潮差	小潮差
太　　平　　洋					日　　本　　海				
	h	m	m	m		h	m	m	m
北 海 道					北 海 道				
釧　　路	3	41	0.8	0.3	稚　　内	3	46	0.1	0.0
室　　蘭	3	54	1.1	0.4	小　　樽	4	5	0.1	0.0
本州東岸					本　　州				
八　　戸	3	50	0.9	0.4	土　　崎	3	7	0.1	0.1
犬 吠 岬	4	33	0.9	0.3	新　　潟	2	53	0.1	0.1
本州南岸					敦　　賀	2	26	0.2	0.1
東　　京	5	43	1.3	0.5	瀬　戸　内　海				
下　　田	5	26	1.2	0.4	大　　阪	7	15	1.0	0.3
串　　本	6	2	1.3	0.5	高　　松	11	19	1.6	0.8
南方諸島					尾　　道	11	3	3.0	1.4
八 丈 島	5	20	0.9	0.3	下関海峡東口	8	51	3.2	1.2
四　　國					門　　司	8	59	2.0	0.8
宇 和 島	7	24	1.7	0.7					
東　　　海									
九　　州									
佐 世 保	8	22	2.5	0.9					
住 の 江	9	13	4.9	1.9					
鹿 兒 島	7	9	2.8	0.9					

大潮差及び小潮差は，それぞれ
大潮及び小潮の時の満潮と干潮と
の高さの差の平均値

2.　海の浅い所はどんなに利用されているか

　潮差の大きい内海の海岸には，満潮と干潮との間を移動す
る魚類を捕える漁業が行われる。またアサクサノリ・カキ・

38

ハマグリ・アサリなどのような海そうや貝類の養殖も，多く潮の満ち干のいちじるしい海岸の浅海を利用して行われている。

アサクサノリの産地としては，東京湾が古くから有名であるが，このほか伊勢湾・渥美湾・廣島湾や岩手縣の山田湾，宮城縣の松島湾などもよく知られている。アサクサノリは，

風波の靜かな内湾で淡水と塩水とのよくまじる所がよいとされている。竹や木の枝などで作った ひび を海底にたくさん立て，これに水中を泳いでいるノリの胞子を附着させて養殖する方法が廣く行われている。干潮の時には，ひび は空中に出る。この ひび の干出はノリの胞子の附着発育に絶対に必要な條件である。

アサリやハマグリは，その稚貝の発生にはやや淡水の流入の多い，河口に近い所がよいのであるが，成長には，やや塩分の濃い，潮流の十分通る所がよい。それで，発生によい所から稚貝をとって，春これを沖合の成長によい所へ移してその生育を助ける。

わが國の周囲には，水産物の増殖に適する浅海及び干潟がたくさんある。現在利用されているのは，その中の一部に過ぎない。浅海の海水には，外海と異なって陸地から流れ出る

栄養分がたくさん含まれており，したがって，魚類の食料となるプランクトンの発生・生育も非常によい。このような海の畑を開拓し，これを合理的に経営し，利用することは，極めて大切なことである。

　　問　稚貝や幼魚を保護することは，なぜ必要か。

3. 潮流とはどんなものか

〔近くの海についての研究〕
　海面の昇降に伴なって起る海水の流れを調べよう。
(1)　海岸に近い所で，海水の流れる方向や速さを測ろう。どんなにして調べたらよいか。
(2)　流れる速さはいつも同じだろうか。

　海水は満ち干に應じて動くわけであるから，それに相当する流れができる。これが潮流であって，潮の上げ下げと同じように，通常一日2回その方向を変える。6時間はほぼ一定の方向に流れ，次の6時間はそれと反対の方向に流れるのが普通である。流れはその6時間の中ごろに最も強くなり，その後次第に弱くなって，一時流れは止まり，次に逆の方向に流れ出す。
　外海に面した海岸や小さな湾などでは，干潮時から満潮時

にかけては，沖合から陸地の方に向かって流れ，満潮時から干潮時にかけては，陸地の方から沖合へと流れる場合が多いが，そのほかの場合には地形によって，いろいろある。

大洋における潮流の速度は，満潮と干潮との時に最も強いけれども，遠浅の海岸では満干両潮時に流れが止まる。

深い大洋中の潮流は一般に極めて弱いものであるが，海岸・海峡，半島の突端などでは，はげしい流れを見ることが多い。このような所の航海では，潮待ちをしたり，**航路を変えたり**して危険を避ける必要も起って來る。

問　港內に ていはく する船が，いかり を入れるのはなぜか。いかり を入れても，船の向きが絶えず変化するのはなぜか。

わが國では，瀬戸內海や九州西岸などは潮流の速いので有名である。阿波の鳴門では10ノットに達することもあり，そのほか瀬戸內海には 7―8 ノットの水道がたくさんある。流れがはげしい所では，風がなくても水面に波を生じ，うずまき ができる。

潮流は風波と違って，その動きが海の表層だけでなく下の方までおよび，表面から底まで流速も流向もほとんど同じである．

海 流

1. 海流はどのようにして調べるか

潮流では海水は潮の満ち干と同じ週期で，あるきまった範囲内を往復するばかりで，遠方まで流れ去るものではない。しかし，海にはこのほかに遠方まで流れて行く幅の廣い河がある。その流れの方向はほとんど一定し，ただ季節によりまた年々の事情で，少し変わるところがあるに過ぎない。これを海流という。この流れは，その境がはっきりしたものでないから，河のように目で見て，はっきりと流れを認めることはできない。

しかし，漂流物などによって，古くからその存在が知られていた。海そう，ヤシの実，氷山などや，また難破船の破片，漂流船などが流れよったために，海流の動きが知られた例がたくさんある。

海流の分布を調べるには，あきびん などに葉書を入れて密封し，これを海に投じ，それを拾った人から，その場所と日時とを書き入れて送り返してもらうという方法も行われている。

また一定の針路と一定の速力とで航海すれば，ある時刻の船の位置は推定できる。この位置と天体の位置から測定した船の位置との間に違いがあれば，それは風と海流とによって船が流されたわけであるから，それによって海流の方向と速さのだいたいとを知ることができる。

42

　昔の古い海流図は，たいていこうして作ったものである．

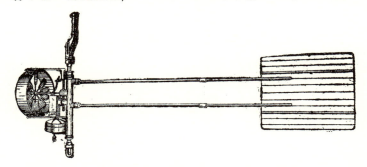

　流速計という図のような翼の附いた水車を海中に入れ，その回轉数を測れば，表面ばかりでなく，海中の海流の速さも求められる．

　　問　600 海里の距離を 15 ノットで航海するのに，1 ノットの海流に乗るのと反するのとでは，何時間の差を生ずるか．

　海流の速さは，普通一晝夜に数海里から数十海里ぐらいであるが，一晝夜に 100 海里以上の部分もある．
　流速は，河の場合と同じように海流の中央部が最も優勢で，緣になるほどおそくなる．季節では，一般に晩春から夏にかけて最も盛んになる．暖流が春にかけて優勢になるのは当然であるが，寒流までも同じであるのは，寒海の氷がその季節に溶けて，密度の小さな淡水が増すからである．

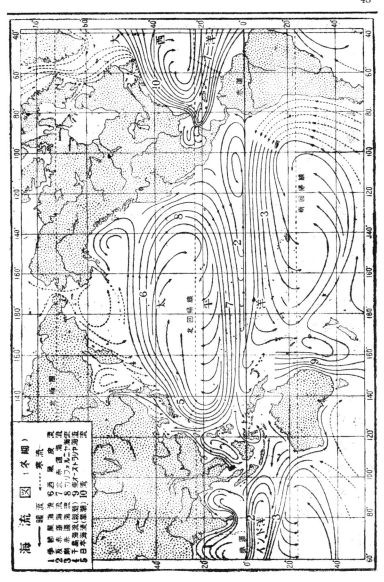

44

2. 海流はどうして起るか

前の図は世界の海流のようすを示したものである。
この図から，どんなことがわかるか。

海流の原因についてはいろいろ考えられるが，そのおもなものは海水の密度の差と風とであって，地球の自轉や大陸の狀態などによって，現在のような海流を見るに至ったと考えられている。

次のことを念頭において海流を調べてみよ。

1. 海水の密度は塩分が多いほど，温度が低いほど大きく，塩分が少ないほど，温度が高いほど小さい。

2. 赤道附近の海水は，蒸発が盛んなために塩分は濃く，受熱量が多いから水温が高い。

3. 密度の違う海水が接すると，密度の大きい方は小さい方の下にもぐり，密度の小さい方は大きい方の上に乗ろうとする。

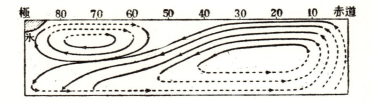

4. 極地方では，氷が溶ける時には，氷の溶けた淡水に近い水が表面にあるため，表層の密度は小さくなる。

氷ができる時には，氷ができたために残りの海水は塩分が多くなり，したがって，密度が大きくなる。

5. 地球上には貿易風のような，いつも同じ方向に吹いている風がある。

6. 地球は自轉しているために，海水の流れの向きは，北半球では右に，南半球では左にかたよる。

7. 海流の模様は，地形によって支配されることが大きい。海流の行く手に陸地があれば，それに沿って旋回し，海底に盛り上がった所があると，深い流れはそれを取り巻くように旋回する。

3. 黒潮・親潮はわが國にどんなに影響をあたえているか

日本近海の海流図を調べてみよ。

太平洋の北赤道海流が西側の島や大陸に突き当たると，その小部分は赤道反流となって東に逆流するが，大部分は陸地に沿って北上し，日本列島の東南を洗い，アメリカ大陸に向かって流れる。これが黒潮(日本海流)である。

海流の速さはどのくらいか，向きはどうかということは，航海や水産にとって極めて大切なことである。

次の図によって，その流れをたどってみよう。台湾東岸附近を北上した黒潮は，沖縄列島西側附近から北東に向かい，対馬海流等の大きな支流を出して，主流は奄美大島と大隅半島の間を通って再び太平洋に出る。これより土佐沖約 100 海

46

里の所を通り，潮岬に近接して一路房総半島の東方に向かっている。この附近が最も流速の大きい所である。流れはここからやや北々東に轉じ，幅は増すけれども流速は次第に減じ，北緯 40° 附近で東方に向かい，太平洋を横切って北アメリカの岸に達している。その後はアメリカ西岸を洗って再び北赤道流に帰り，北太平洋上の最大環流を形作る。

黒潮はわが太平洋岸を流れる間は塩分が濃く，透明度も大で，水色は青らん色を呈している。水温はその附近の海水に比べて一般に高く，純然たる暖流である。

眼を北方に轉じて見よう。

北ベーリング海及びオホーツク海に源を発し，カムチャッカ東側から南下して來る千島海流は，一名，親潮と呼ばれ，千島の中ほどから顯著な海流となる。厚岸・釧路の沿海を過ぎ，三陸の沖合を南下するころから，次第に黒潮に接するようになる。金華山沖に達するころは細長い帶となり，夏季はこの辺で潜流するけれども，冬季には鹿島灘に沿い犬吠崎附近まで達するようである。この附近からは，南方から北上する黒潮の下をくぐる。

親潮の水溫は，附近の海水に比べて一般に低く，三陸沖合で夏季最高の場合でも 17° 以下である。塩分も極めて少なく，水色は黄緑色をおびている。

　問　夏季，千島列島から北海道南東岸にわたり，ひんぱ

48

んに起る海霧はどうしてできるのであろうか。

　日本海にある暖流の対馬海流と，寒流のリマン海流とについても調べてみよ。ここにも一つの環流を見出すであろう。その流れの方向はどうか。

　暖流・寒流は，氣候の上に大きな影響をあたえる。暖流・寒流は，一定の水溫を限界として定めているのではなく，流れの附近の水溫と比較していうのである。

　イギリスからノルウェーにかけて緯度の高い割合に暖かいのは，メキシコ湾流が熱帯の暖かい水を運ぶからで，わが國の黒潮もいくぶんこの働きがある。しかし，本州よりも南を流れるのでその影響が小さく，むしろ，対馬海流が本州の日本海沿岸の氣候を緩和する働きの方が大きい。これに反して，三陸沿岸は親潮が寒海の水を運んで來るので寒冷である。これは，冬季には北西の季節風があり，夏季には東南の季節風があるからである。北海道・三陸方面は，暖流と寒流とが相接するので水溫の変化が大きく，夏冬はもちろん，年々の氣溫の差を不定にし，氣候を惡くする。

　　問　潮流と海流とは，どのように違うか。

　　研究　ベーリング海峡及び間宮海峡をふさぐことができたとすれば，海流にどんな変化が考えられるか。

3. 海 水 の 作 用

1. 海岸は海水によって，どんなに変化するだろうか

〔近くの海についての研究〕

　海岸線の形と地質とには，どんな関係があるだろうか。

(1)　海岸の略図をかき，砂浜・砂州・岩礁などのようす
　　とその変化とを記入せよ。

(2)　海水のために，どんなにおかされているか。

(3)　風雨のあとで，海岸にどのような変化が起るか注意
　　して見よ。

　風波と潮流とは絶えず陸地を攻撃してこれを破壊している
が，他方では，その破壊したものを，河が運搬して來た土砂
といっしょに海底に積み重ねている。陸上に廣く分布する沈
積岩の大部分は，このようにしてできた たい積物 が地かく
運動の結果，陸上に現われるに至ったものである。このよう
に，浅海すなわち大陸だな の部分は，地かく の変動によっ
て海となったり陸となったりする地帯で，興味深い場所であ
る。

　波が岩石にぶつかると岩のさけ目は次第に大きくなり，こ
れがくりかえされるうちに小さな塊りとなって離れる。この
石塊が大波の時には岸を打ち，更に破壊を手傳うようになる。

50

　また，岩石の種類によっては海水が岩石を多少溶解し，その破壊を早めることもある。
　このようにして，海岸に近い海底はついに平にけずられ，けずられた岩や砂は沖に運ばれて海底に積もり，この二つがつながって海岸近くの底に平な段ができる。海岸にできたがけはけずられて後退するが，がけ下の段が廣くなるにつれて波の勢いがそがれるから，ある程度以上には後退しない。
　海岸の岩石に特に弱い所があると，ほら穴ができたり，一部が洗い去られて離れ岩ができる。海岸は，岩石の強弱のよくわかる所である。このようにしてできた奇景は，わが國の海岸に非常に多い。

　波が岸に斜に当たると，海水の一部は岸に沿って流れ，したがって土砂も岸に沿って運ばれるようになる。海岸が急に内部に曲がっていても，この流れはしばらく今までの方向を続け，その運搬物は海が深くなるとともに沈積するので，風

も手傳って,鳥の口ばし のような砂州ができる。三保の松原
や天の橋立などがその例である。

次の図によって,海岸の変形するようすを考えてみよ。

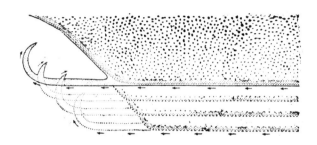

海の底にはどんなものがあるだろうか

河によって運ばれる粘土や砂や どろ は海に達すると,流れが急にゆるくなるのと,海水中の塩類の作用とによって,大部分は河口附近の浅海に沈積し,粒子のこまかいものは更に海流に運ばれて,遠くの海底に積もって行く。

氷山によって運ばれる岩石や砂は,寒流に乗って海の比較的廣い面積にばらまかれる。

また比較的浅い海にはいろいろの生物が繁殖し,これが死ぬと,その石灰質の貝がら や骨格を海底に積み重ねる。

海底火山の爆発によって生ずる火山灰や,大陸から飛んで來るこまかい ちり が海底のあらゆる部分に降下して,海底土は次第に厚さを増して行く。

52

　この海底土を浅海から深海に向かって順次に採集してみると，陸地に近い所からは砂と どろ とが取れ，深さが 2000 –

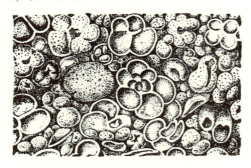

3000 m になると，青灰色からいくぶんかっ色をおびたどろ が取れる。
　4000 m 附近では，おもに小さな生物の石灰質の残がいが集積してできた少しかっ色をおびた白色のやわらかいどろ が取れる。更に深くなると河の どろ も生物の骨格もなくなり，こまかい ちり ばかりから成る赤かっ色の粘土となっている。太平洋底はその面積の半ば以上がこの かっ色の粘土でおおわれている。

　これらの どろ は図のような どろ取り器で取って調べることができる。しかし，この方法では海底のごく表面のものだけしか取れないので，近ごろでは，長さ数メートルの金属の筒を大砲につめて海底におろし，そこで，下向きに発射して筒を海底に打ちこみ，ある厚さの どろ を取って海底のようすを調べている。深海の底 1 m の層は，地球の歴史の何万年を物語るか，興味の多い資料である。

4. 海水の成分

1. 海水の中にはどんなものが溶けているか

〔近くの海についての研究〕

100 g の海水を煮つめて残った物の重さを測ってみよ。
また、その形と味とを調べよ。

(1) 流れこむ川があればその附近の水についても試みよ。

(2) 海水の比重も調べてみよ。

(3) 水分が蒸発した時に残った物の重さを、次の表から
計算し、上の実験の結果と比べてみよ。

海水にはいろいろな物が溶けて
いる。上の実験で、残った物は一
つの化合物ではなく、いろいろな
化合物のまじったものである。

海水に溶けている塩分の量は、
所によって違うけれども、平均し
てみると、次のような割合になり、
海水1lの中に35gの塩分がある

海水 100 g 中 の 量	
水	96.50 g
食 塩	2.72
塩化マグネシウム	0.38
硫酸マグネシウム	0.16
硫酸カルシウム	0.13
硫酸カリウム	0.09
炭酸カルシウム	0.01
臭化マグネシウム	0.01

* このように、海水にはいろいろな塩分を含んでいるため、金属を海水中につ
けておくと、ま水の中におくよりもおかされやすい。アルミニウム・ジュラルミ
ンなどは、食塩によっていちじるしい害を受ける。それで、船などはその表面に
ペンキを塗って、さびるのを防いてある。

54

ことになる。これは溶液としては非常にうすいものであるが，全体の海水の量が極めて多いから，その中の塩分はおびただしい量になる。海水が塩からいのはおもに食塩のためであるが，苦味があるのはマグネシウム化合物があるからである。粗製の食塩が空氣中で水分を吸って溶けて來るのは，このもののためである。このように，固体が大氣中で水分をとって溶ける現象を潮解という。

　　　問　海水でぬれた衣類が乾きにくく，また汗のついた衣類が，しめった日にじとじとするのはなぜか。

2.　海水の塩分はどうしてできたか

　わが國のような島國にあっては，雨水や雪の水の大部分は，海水から蒸発した水蒸氣が凝結して降下したものといえる。その水の一部分はそのまま蒸発するか，または地上・地下にしばらく留まるけれども，大部分は河水となって再び海へ帰る。この大規模な水の循環は，一日として休むことはない。
　しかし，雨水は決して純粋な蒸溜水ではない。水蒸氣から雲になる場合には，普通空氣中の小さな粒が中心となって，その水滴ができるのである。その中心となる粒が，海上では波や風に吹き飛ばされて空中高く舞い上がった塩の粒であることが多い。なお，雨が地上に落ちるまでには，空氣中にあるいろいろなものが雨に溶けこむ。これは，おもにアンモニ

ヤ・硫酸・亞硫酸・硝酸などの化合物で，都会地の雨ほどまざりものが多い。地上に落ちた雨水は，土の中の可溶性成分を溶かし出し，河水となって海に注ぐ。この結果，河口に近い海水中の生物は，貴重な栄養をとることができるのである。

駿河湾の漁獲高の多いのは，湾内に流れこむ河が特にりん酸塩を多量に含むからであるとさえいわれている。

このように，河水はいろいろなものを溶かしているけれども，溶解物の全量は，$1l$ 中 $1g$ にも満たない極めてうすい溶液である。河水に比べると，海水は非常に多量の塩分を含んでいることになる。

どうして，このように多量の塩分を含む水が，これほど多量に地球表面にたまったのであろうか。

河水によって運ばれた塩分が，だんだんたまって濃さを増したものではないかと説く人もある。しかし，これだけでは十分説明できない点がある。

おそらく，海洋がはじめて地表にできた時代に，はげしく起った火山の作用によるものであろう。その後，河水によって塩分が注入され，また，その後の火山作用によって成分の変化が起ったであろうけれども，だいたい，原始海の時代から今日まで，あまり大きな変化はなかったであろうと考えられている。

海水が河水と違う点は，塩分の量以外に塩分の組成がだいぶ違っていることである。河水では，炭酸カルシウム・硫酸

マグネシウム・食塩の順に少なくなっているが，海水ではこれと反対である。炭酸カルシウムは，海中にすむ生物がその骨格や貝がら を作るのにたくさん消費し，また，これらの生物が死ぬと，その骨格や貝がら は大部分海底にたいせきするから，海水中の炭酸カルシウムの減り方が大きい。

前にかかげた表のほかに，海水の中には微量ではあるがいろいろな物質が含まれている。海水はほとんど無限といってよいほど存在するのであるから，これらの物質を取り出す良い方法が発見されれば，ほとんど無盡藏の宝庫として役立つわけである。現在では，食塩その他比較的多く含まれている塩類だけを利用しているに過ぎない。四面を海でかこまれているわが國としては，これらの有用物をどのように利用するかは重要な問題である。

3. 食塩はどのようにして作るか

〔近くの海についての研究〕

どのようにして海水から食塩をとっているか。

(1) 海岸のようすはどうか。

(2) 氣候の狀態はどうか。

(3) 一年にどのくらいとれるか。

食塩は，天然に非常に廣く分布されている。土・河水・井水に多少の食塩が含まれていないものはほとんどないであろうし，生物のからだの中にも少量は

存在する。しかし，食塩の原料として重要なのは岩塩・塩湖・海水である。

岩塩はまれに地表あるいは地表から数メートルぐらいの浅い所にあることがあるが，普通はもっと深い所に層をなしている。純粋な食塩の一つの結晶は無色透明であるけれども，岩塩は白色，または微量の不純物のため多少着色しているのが普通である。

岩塩は中國の四川・雲南・蒙古とか，ペルシア・トルキスタン・アラビア，または南米のアンデス山地方などに存在するけれども，実際に採掘して利用しているのは欧米である。ウィーリッカ（ポーランド）の岩塩は，11世紀から知られ，質が純粋なので有名であり，岩塩坑の内部には塩の宮殿が作られている。ドイツの中部の地下には廣い範囲にわたって岩塩があるようである。その中でもスタスフルト附近のものが古くから有名で，地下 300--400 m の所に厚さ数百メートルの層をなしている。アメリカではオンタリオ湖南岸のレトソフ及びテキサス・ミシガン・カンサス等から産出する。

塩湖は，雨量が少なく蒸発がはげしい地方に存在し，ソーダ・カリウム塩等を含む場合もあるが，食塩をおもな成分とすることが多い。塩湖は世界各地に散在しているけれども，その中で最も惠まれているのは，アメリカのグレートソルトレイクであろう。湖水の中に溶けている全塩分の量は 15--23 %，そのうちの約85% は食塩で，硫酸カルシウムや塩化マグネシウムを伴なうことが少ないから，製塩が非常に樂である。しかも，湖の廣さはわが琵琶湖の9倍もあり， 雨は年に 10 日ぐらいしか降らないという製塩につごうのよい條件を具えている。

製塩法については，各民族とも古くから苦心して來たが，一塊の岩塩も産出しないわが國では，海水から優良な食塩をいかに安く多量に製造するかということが重要な問題である。海は地球上最大の食塩の貯藏庫ということができる。

問1． 海水中に含まれている食塩の量は，わずかに 2.7 % 内外である。これから食塩をとるには，どんな困難と不利とが伴なうであろうか。

58

　問2.　海水から食塩をとる場合，最も有効にまた経済的にするには，どんな條件が必要であろうか。

　アフリカ・アラビア(遠海塩)・台湾・関東州・満州・朝鮮(近海塩)などで行われている天日製塩法は，太陽熱と風とを利用して最も理想的に水分を蒸発させている。
　わが國のように雨量が多く，しかも降雨がひんぱんな所では，この方法は行われない。
　海水の塩分の量は，特別の場所を除いて大差はないから，わが國の製塩には，海水中の塩分の多少よりも次のことが重要である。
　　なるべく雨量が少なく，風があって蒸発量の多いこと。
　　海岸が遠浅で，潮の満ち干が巧みに利用できること。
　　風波の被害の比較的少ないこと。

瀬戸内海沿岸はこれらの條件を具えているので，古くから製塩業が発達したのである。
　わが國で行っている塩田法は，海水を砂にかけ，水分を蒸発させてから，再び海水に溶かし

て濃い食塩水を作り，かま　で煮つめて食塩を結晶させるのである。かま　の中に残る母液は，にがり　といって，この中には多量の塩化マグネシウムを含んでいる。にがり　は豆腐の製造に用い，またマグネシウムをとる原料となる。

おもな製塩法

60

4. 食塩はどんな元素からできているか

実験 和紙に水と食塩水とを別々にしみこませて，ほの
お の中に入れ，食塩水では ほのお が黄色に輝くことに注
意せよ。
海水についても試みよ。

この実験で ほのお がいちじるしく黄色になったのは，食
塩の中にナトリウムが含まれているためである。
炭酸ソーダ・かせいソーダ等もナトリウムの化合物である。
これらの水溶液についても上と同様にして，ほのお が黄色に
なるのを確かめてみよ。

実験 食塩水に硝酸銀の溶液を滴下して，液が白く濁
ることに注意せよ。
塩化カルシウム・塩化アンモニウム・塩酸などの水溶液
についても試みよ。これは，食塩の中に塩素が含まれてい
るためである。

これらの実験から，食塩はナトリウムと塩素との化合物の

---

* このように，無色の ほのお に色をつけるものは，ナトリウムのほかに次のよ
うなものがある。その ほのお の色によって，その中に含まれている元素の種類
を知ることができる。カリウム‥‥赤紫，カルシウム‥‥赤，ストロンチウム・
‥深紅，バリウム‥‥緑，銅‥‥青。

ように考えられる。次の実験により更にこれを確かめてみよ。

　実験　2本の炭素棒の端にそれぞれ銅線を巻きつけ，この銅線に溶けたパラヒンを塗って電極を作る。2本の試験管に食塩水を満たし，図のように食塩水の中にさかさに立て，これに用意した電極を入れ，直流を通じてみよ。陽極のある試験管(A)及び陰極のある試験管(B)で

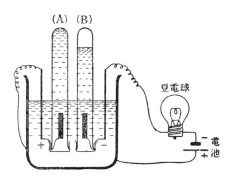

はそれぞれどんな変化が起るか。
　しばらくして電池をはずし，試験管を取り出してみよ。試験管(A)の中の液体には特殊の におい のあることに注意せよ。試験管(B)にたまった氣体に点火してみよ。
　(B)の中の液体の一部に，フェノールフタレンまたは赤色リトマス液を入れて反應を見よ。

　食塩の分解の結果，陽極では塩素ができて水に溶ける。陰極ではナトリウムができ，すぐ水と反應して，水素と かせいソーダとができるのである。
　このようにして，食塩は塩素とナトリウムとの化合物であ

62

ることがわかる。

　食塩水の電氣分解は，かせいソーダの製造に利用している。

5. 食塩はどんなに有用か

　研究　家庭では食塩をどのように使っているか。一人一年間の使用量はどのくらいにあたるか。

　私たちが健康を維持するためには，1年に 10 kg 弱程度の食塩が必要である。食塩は働くのになくてはならないものであって，ことに肉体労働をする者は，汗とともに失われるから余分にとる必要がある。日常，みそ・しょうゆ・つけ物として，また他の食品にまぜてとっている。
　このように食塩は，食用として大切なばかりでなく，アルカリ工業の最大の基礎原料として極めて重要なものである。なお，家畜の飼料，魚肉・獣肉・獣皮の塩藏にも用いられる。

　研究　健康を保つために食塩が必要なことは，人も獣も変わりはない。獣類は自然界にあって，どのようにして食塩を補給しているだろうか。

　アルカリ工業は，炭酸ソーダ・かせいソーダ・炭酸カリウム・かせいカリ等のアルカリ塩類を作る工業のことであって，

そのうち，炭酸ソーダ・かせいソーダの製造はこの工業の幹となっている。

　　各國とも昔から せんたく・製紙などにはアルカリを必要とし，それには通常，木の灰等から作った炭酸カリウムや天然ソーダを使ったものである。天然ソーダの有名な産地は，エジプト及びアメリカのカリフォルニアにある湖である。天然ソーダは運搬や精製等に軽費がかかるので，アルカリ工業の原料としてはあまり重要でない。

　　18世紀になってイギリスの もめん工業が一大発展をし，せっけん及びアルカリの使用量が急に増し，またガラス工業も盛んになったので，今までの原料では不足するようになった。

　　1791年フランスでは，食塩から炭酸ソーダを作る方法の懸賞募集をし，ルブランが当選したが，その方法はフランスよりもイギリスで発達し，その後約100年間行われた。

　　1865年ベルギーのソルベーが，食塩と石灰石をおもな原料として炭酸ソーダを作る工業的技術に成功し，ルブラン法より経済的なため，次第にこれを駆逐するようになった。

　炭酸ソーダはガラスの製造及び かせいソーダの原料として多量に用いられ，硫酸とともに化学工業薬品の両大関と考えられるものである。工業上多量に使用するには粗製のソーダ灰（主成分は炭酸ソーダ）を用いる。

　炭酸ソーダの性質を調べよう。

　　実験　炭酸ソーダの結晶を調べよ。

　　これを少量の水に溶かして赤色リトマス紙で調べよ。次に溶液を二分して，一方には油数滴を加えてよく振ってみよ。

64

　他方には毛糸と　もめん糸とを入れて熱し，その結果を，かせいソーダの時と比べてみよ。

　炭酸ソーダの結晶を試験管に取り，塩酸または硫酸を少量加え，発生する氣体を石灰水中に導いて，白濁するのを確かめよ。この氣体は炭酸ガスである。

　炭酸ソーダは無色の結晶で，空氣中に放置すると，その表面が風解して白色の粉末となる。水によく溶けてアルカリ性を呈する。

　　化学工業でアルカリを必要とする場合，石灰でまにあえば一番安いのであるが，石灰は溶けにくく，また，その化合物には水に溶けないものが多いから，いろいろ不便を起すことがある。このような場合には一般に炭酸ソーダが使われるが，アルカリの強さが足りない時は，かせいソーダが用いられる。

　　問　酸性の畑に石灰をまくと，どんな効果があるか。

　かせいソーダは最も強いアルカリである。人造絹糸・スフの製造に極めて多量に使われ，また，せっけん・染料の製造や，その他化学工業薬品として廣く各種の方面に用いられている。

　かせいソーダの性質を調べよう。

───────────────────

＊　　結晶がその中に含んでいる水分を失って粉末になる現象を風解という。
＊＊　石灰は便所・みぞ等の消毒に用いる。

実験 かせいソーダを試験管に取り，しばらくそのまま
にして，自然に溶けるようすを観察せよ。

少量の水を加えて溶かし，発熱することに注意せよ。

これを二分し，一方に数滴の油を落し，よく振ってみよ。

他方に毛糸・もめん糸を入れて熱してみよ。

炭酸ソーダの時とどう違うか。

かせいソーダは通常棒狀または塊狀のもろい固体で，空氣
中に置くと，水分や炭酸ガスを吸收する性質がある。

その溶液は皮膚や衣服をおかすから，取り扱いに注意しな
ければならない。

かせいソーダを作るには，炭酸ソーダからするものと食塩
水の電解によるものとある。食塩水を電解して かせいソー
ダを作る時，副産物として水素・塩素が得られる。水素は硬
化油[*]などの製造に用い，塩素は多く さらし粉とする。また水
素と塩素とを反應させると，はげしく化合して塩化水素がで
きるから，これを水に吸收させて純粹な塩酸を作る。塩酸は
また食塩に硫酸を加えて熱してもできる。

実験 試験管に食塩を入れ，これに硫酸を静かに加えて

---

[*] 一般に水産動物の油（＝シンやイワシをしぼって得られる魚油及び鯨油など）
は，環境が低温のため惡臭があり，変化しやすいので用途が非常に少ないのであ
るが，これに水素を化合させて硬化油にすると，白いかたまった油となり，惡臭
がとれ，せっけん・グリセリン・ろうそく の原料または食用油となる。

徐々に熱する。空氣中に出る氣體の有様を見よ。この強い刺激性の氣體を塩化水素という。図のように誘導管を乾いた試驗管の下部まで入れて塩化水素を集めよ。これに堅く

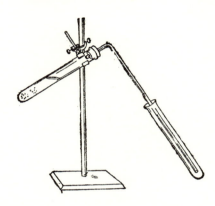

せん をして水の中にさかさに入れ，水の中で せん をはずしてみよ。水が勢いよく試驗管の中に昇って行くであろう。うまくいかぬ時は，この試驗管の口をおさえ，水中より取り出してよく振り，再び水中に倒立してみよ。

　この試驗管の液中に青色リトマス液を加えてその変化を見よ。

塩化水素は空氣より重く水に溶けやすい。

　研究　塩化水素が空氣中で白煙を生ずるのはなぜか。

塩酸は水銀・銀・銅・鉛などを除くほかの金属を溶かして水素を発生する。いろいろな薬品・染料の製造，金属の さび とり等に用いる。

6. 海水の中には氣体が溶けている。それは，どんな働き をしているだろうか

〔近くの海についての研究〕
　海水中の酸素が欠乏したために，生物が死滅した事実は ないか調べてみよ。

　池や河の水に空氣が溶けているように，海水の中にも空氣 が溶けている。大氣中の酸素が大部分の生物の生活に欠くこ とのできないものであったように，水中に溶けている酸素も 水中生物にとって極めて大切なものである。

　問　空氣中の酸素と窒素との割合はどれだけか。

　空氣が水中に溶ける場合には，その組成のまま溶けないで， およそ酸素1に対し窒素2の割合であって，酸素は窒素に比 べて割合に多く溶ける。
　その溶ける度合は，水温が低く塩分が少ないほど大きい。 また，風が強く吹いたりして，水面が動搖する時ほど，よく 溶ける。
　寒流には暖流よりも酸素が多い。生物が好んで寒流に集ま る一つの原因はこれにもよるであろう。それで，海水中に溶 けている酸素の狀態を，水平的にも垂直的にも調べておくこ とが漁業上必要になる。

氣体の水に対する溶解度 $\left(\begin{array}{l}\text{各温度において1氣圧の氣体が水1 } cc \text{に溶ける容積} \\ \text{を，0°，1氣圧の時の容積に改めた値，單位は } cc\end{array}\right)$

氣　　　体	0°	20°	40°	60°	80°	100°
ア　ン　モ　ニ　ヤ	1176	702	——	——	——	——
亞　硫　酸　ガ　ス	80	39	19	——	——	——
塩　化　水　素	507	442	386	339	——	——
空　　　　氣	0.029	0.019	0.014	0.012	0.011	0.011
酸　　　　素	0.049	0.031	0.023	0.019	0.018	0.017
炭　酸　ガ　ス	1.71	0.88	0.53	0.36	——	——
窒　　　　素	0.024	0.015	0.012	0.010	0.0096	0.0095

　炭酸ガスは酸素よりも，もっと水に溶けやすい。海面に近い所では，大氣中の炭酸ガスと海水中の炭酸ガスとよくつりあいを保っている。大氣中の炭酸ガスの量が増せば海水中によけいに溶けこみ，反対に，大氣中の炭酸ガスの量が減れば，海水の中から大氣中に炭酸ガスを出して補うようになる。動物が多い所では，酸素が消費され炭酸ガスが増し，植物の多い所ではこれと逆になることは，陸上と同じである。

　問1.　サイダーの　せん　をあけると　あわ　が出るのはなぜか。
　問2.　キンギョを飼う時，水草を入れると，どんな効果があるか。

研究 航跡に残る白い あわ はどうしてできるか。また，プランクトンがいる所では，海水の温度が上がると，あわができやすいのはなぜだろうか。

海水の温度・塩分・溶解性酸素含量の垂直分布（大西洋の赤道及びその両側）

深さ 経度緯度	水 温			塩 分（千分率）			溶解性酸素（%）		
	27°W 27 N	30°W 3 S	34°W 17 S	27°W 27 N	30°W 3 S	34°W 17 S	27°W 27 N	30°W 3 S	34°W 17 S
0 m	22.9°	25.5°	23.9°	37.2	35.9	37.0	100	97	103
50	20.6	25.3	23.9	37.1	35.9	37.0	99	96	97
100	19.9	18.8	23.8	37.1	35.7	37.0	99	56	98
150	——	13.0	21.5	——	35.2	36.6	86	49	96
200	17.6	12.3	18.7	36.6	35.2	36.1	85	43	77
400	14.5	9.8	11.3	36.0	34.7	34.9	76	45	61
600	11.7	5.4	6.1	35.7	34.4	34.5	66	55	60
800	9.9	4.3	3.8	35.6	34.5	34.4	56	50	60
1000	8.3	3.8	3.3	35.4	34.6	34.5	56	54	59
1500	5.9	3.9	3.9	35.3	34.9	34.9	66	72	71
2000	4.2	3.3	3.5	35.2	34.9	35.0	75	79	78
3000	2.8	2.8	2.8	35.0	——	34.9	74	74	78
4600	2.5	0.7	0.4	34.9	34.7	34.8	70	←—	—←

5. 海 洋 と 生 物

　わが國のように海岸線が長く，しかも各種の海流が入りまじっている所では，海中の生物の種類も量も多い。食用・工業用その他に利用されて，私たちの生活を豊かにしている。

1.　海の生物は陸の生物とどんなに違うか

　海は地球の$\frac{2}{3}$以上の廣さがあり，陸上よりたくさんの生物がすんでいる。またその種類も非常に多いが，私たちは陸上の生物を知っているほどには，海洋の生物を見ていない。

　陸地の動植物が，隣りあった二つの島でもすっかりようすが変わっている場合があるのに反して，海はどこまでも続いていてしかもその狀態がだいたい似ているので，場所によって種類が違うということが，陸上の場合ほどはなはだしくない。水溫・塩分・日光・海流及び水深などの影響がその分布を支配している。水溫はだいたい緯度が高くなるにしたがってさがって行くけれども，海流のために緯度の高い所でも暖かい海もあり，また，緯度の低い所でも比較的つめたい海もある。その上，塩分の多少は海水の密度に変化をあたえるから，上層の水が暖かく下層の水りつめたいとは限らない場合がある。

　また，日光が海中に達する深さには限度があるから，深海の魚類は とこやみ暮らし である。深さ400mぐらいにすむ

71

魚は特別に大きな眼を持っているし，中には発光器を持っているのもある。深くなるにしたがって，もはや眼は役立たなくなる。このような所にすむ魚は，眼は小さく，または全然盲目のものばかりとなる。その代わり，ひげ が発達し口の大きいものが多い。これらの魚を深海魚と呼んでいる。このような深海では日光がないので，植物は同化作用を営むことができず，植物をたべて生きている動物もすむことはできない。

　海そう は陸上の植物のように，葉・茎・根のような部分を具えているものもあるが，これらの内部を調べてみると，みな一様な構造からできている。根のように見えるものは，海中の岩石に附着するだけの用をして，水分・養分はからだの全面からとっている。

　海そう の生活には日光が必要であるから，日光が十分でない深い所には繁茂しない。だいたい浅い所には緑色の そう類，やや深くなれば かっ色の そう類，更に深い所には紅色の そう類が繁茂している。

　　実験　魚類について，

　　　　　　からだの形

　　　　　　運動の仕方

　　　　　　皮膚のようす

　　　　　　呼吸の仕方等

　を調べてみよ。

72

　水中は空中よりも動く時の抵抗が大きいから，魚類のからだは運動につごうのよいような形になっている。

　陸上動物の歩行には，筋肉の伸び縮みのために大きな内抵抗がある。魚類では，推進のためだけで体重をほとんど支える必要がないから，筋肉の動かし方は少なく，したがって，体力の消費が少なくて大きな行動ができる。その生活範囲は多く立体的で，浮き沈みを自由に行う必要があり，また空氣中よりも少ない酸素で呼吸作用を営んでいる。

　生物がその習性に便利な形を具えていることは，考えてみれば，おもしろいことではないか。なぜこのような関係があるのか，環境や習性が変われば形も変わるのか，また生物の種類が違えば，なぜその形が違うのかなど，考えて行けば，いろいろな疑問が限りなくわいて来ることであろう。

　研究　海にはクジラのような巨大な動物がいる。陸には，これにひってきする動物がいないのはなぜだろうか。

2. 海そう はどんなに利用されているか

〔近くの海についての研究〕

　海そう はどんな所にはえているか。

　(1)　どんな種類の海そう がとれるか。深さによってどんなに違うか。

(2) それはどんな方面に利用されているか。

　寒暖両流に洗われるわが國の沿岸は，海そう　の種類に富み，その量も豊かである。これらは食用に，藥品製造の原料に，また肥料によく利用されている。

　食用に供される海そう　はワカメ・コンブ・アラメ・ヒジキ・アサクサノリ・テングサ・アオノリ等で，カリウム・よう素（沃素）・臭素などの元素の化合物の原料としては，大部分の海そう　が役立つ。そのうち特に　かっそう（褐藻）類が重要である。

　カリウムやその他の元素の化合物をとるには，採取した原そう　を海岸で天日で乾かした後，これを燒いて海そう灰（ケルブ）を作り，これを水で浸出して得た液から，それらの有用物を取り出す方法が行われている。

　カリウム化合物は肥料その他に用い，よう素・臭素は医藥または写眞用の藥を作る化合物の原料として用いる。

　かっそう類は寒流流域によく繁茂し，わが國では北海道沿岸に多く産し，カリ原そう　の宝庫の感じがある。紅そう類のテングサは　ところてん　として食用にし，また，更にそれを寒氣で凍らし日に乾かして寒天にする。寒天は菓子製造に用いるほか，細菌類の培養基としても重要なものである。それは，寒天には各種の細菌や酵素などによって分解しにくい性質があるからである。しかし，食用としては消化はよくない。フノリは織物の　のり　に，ツノマタは壁用の　のり　に用いる。

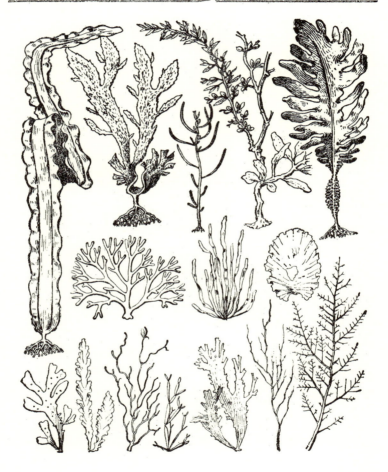

海そう

左→右　コンブ　アラメ　ヒジキ　ホンダワラ　ワカメ

ミル　アオノリ　ボタンアオサ

ツノマタ　アサクサノリ　モズク　フノリ　トサカノリ　オゴノリ　テングサ

3. プランクトンとはどんなものか

〔近くの海についての研究〕

　水面近くをこまかい目の網を引いてみよ。

(1)　網の底にたまった ごみ を少量の水に浮かせて顕微鏡で調べよ。

(2)　池や湖についても調べてみよ。

　夏の夜の海で波頭が青白く美しく輝いて見えることがある。朝になって波打ちぎわに行って見ると，うす赤い小さなつぶつぶのものが無数に波にただよっている。これを顕微鏡の下で見ると，円い袋のような微生物であることがわかる。これは夜光虫という単細胞動物である。これらの微生物は水面近くに浮かび，自分の力でも少しは泳ぐが，大部分は水の流れにつれて運ばれる。

　このような生活をするものには，エビ・カニ・貝などの幼生もいる。東京湾の本牧沖あたりに，時に赤かっ色の潮が見られることがある。これを赤潮と呼んでいる。これは らんそう(藍藻)類というごく簡単なからだを持った植物の一種が，一時に繁殖したためである。このように，海中にただよって生活している小さな動物や植物をプランクトンと呼んでいる。

　これらのプランクトンが魚類の食物として重要な役割をしていることはすでに学んだ通りである。

水面近くにいるプランクトンには色素のないものが多い。
これらは光によってあまり影響を受けないものもあるが，大
部分は，日中は少し深い所にはいって光の影響を避け，夜に
なると表面近くに出て來る。

4. 波打ちぎわの生物はどんな生き方をしているか

〔近くの海についての研究〕
　　潮干狩の時の調べ
　(1)　潮干狩に行くのは何日ごろがよいか。
　(2)　どんな生物がいるか。
　　　　その種類・形・習性
　　　　潮の満ち干という大きな変化に対する動物の動作

　波打ちぎわは，満潮の時には海中に沈み，干潮の時には空
氣中にさらされる所である。干潮の時に雨や雪が降れば，空
氣中に出た部分は淡水の影響を受けるし，太陽が照っていれ
ば，日に照らされてすっかり乾いてしまうことさえある。河
が注いでいる所であれば，海水の塩分は淡くなり，また，河
水が濁っている時は附近の海水も濁る。このような場合は，
運び出された どろ で海底は沼のようになっていることもあ
るし，小じゃり が運び出されていることもある。
　このように，波打ちぎわといっても，その海のようすは干

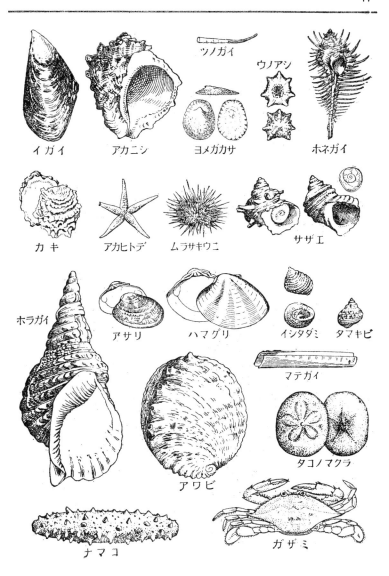

差万別であるが，温度の変わりやすいこと，雨・汚水・日光・空氣などの影響が大きいことは変わりはない。

このような場所は，夏は暑い日光にさらされ，冬はつめたい雪や雨にぬれるから，温度の大きな変化に耐え，また空氣中に出ても海水中にはいっても生きていられる生物でなければ生活していけない。したがって，そこにすむ生物はいきおい，その種類が限られ，いろいろな悪い條件にも適應して生きているのが見られる。

満潮線より上で，絶えず波の しぶき をあびている所にすむ動物は空氣呼吸を営み，堅い から でからだが乾くことを防いでいる。

河口の岸では海水にすむものと淡水にすむものとが雑居している。このような所には栄養になるものが多く，カキなどの食物になる けいそう(珪藻)がふえるから，カキその他の養殖場が作られる。

堅い岩ばかりの いそ には，ほかの場所とは違った生物が見られる。定着性をもった動物は，たいていこの岩の上に見出される。カイメン・イソギンチャクの類がその代表的なものである。その多くは植物のように芽を出してふえ，枝のようになったり，また，かたまりになったりして，岩を一面におおって，多くの個体が一つの共同体を作っている。

石灰石・凝灰岩などのやわらかい岩に孔をあけてすみ，そのからだを保護している生物は相当に多い。そのうちウニ類

は よう岩などのような堅い岩にさえ孔を掘ってすんでいる。また他の動物が掘って，からになった孔へ，はいりこんでいるものもなかなか多い。

　岩の上にむき出しになっている動物の中には，外敵に備えて武器を持っているものがある。カイメンの とげ はよく知られている。巻貝の類は から が厚くて堅く，また，たくさんの とげ を持っているものもある。エビやカニの類はみな堅くて とげ のある甲をかぶっている。ウニやヒトデの類も同様にして身を守っている。

　堅い から をかぶっているものは，他の動物の攻撃から身を守るばかりでなく，荒波にもてあそばれる時身を守ることにもなる。

　打ちよせる波の影響は砂浜より岩の いそ の方が大きい。岸が外海に面し，打ちよせる波が荒いほど，そこにすむ動物は特殊なものに限られる。

　岩ばかりの海岸では，満潮の時も海面より上であるのに，海中の生物のすむ地帯がある。これは，いつも しぶき や大波によって岩の へこみ に水がたまり，小さな池がたくさんできている所で，こんな所では日の照る時はどんどん水が蒸発して塩分が濃くなり，雨の時は雨水がたまって塩分が非常にうすくなる。それで，ここではワムシの類，甲かく類のプランクトン，小さな巻貝などのような，水温の変化にも塩分の変化にも耐えられるものだけがすむことになる。

5. 魚はどんな所に多くすむか

〔近くの海についての研究〕

1. 魚や貝はどんなものがとれるか。種類が違えば形や暮らし方も違って來る。
   (1) 岩のある いそ ではどうか。
   (2) 砂浜ではどうか。
   (3) 沖でとれるものは，どんなものか。
   (4) その種類は季節によって，どう変わるか。
   (5) どんな つり場があるか。
   (6) よくつれる時刻は，潮の満ち干と，どんな関係があるか。
2. 漁法・漁具はどのようなものが使われているか。
   (1) それは魚類の習性とどんな関係があるか。
   (2) 改良すべき点はないか。
3. 魚や貝はどのように加工しているか。
   (1) どんな種類の魚や貝が使われるか。
   (2) 加工上改良する点はないか。

　漁業は，わが國でも農業と平行して古くから行われて來たけれども，海洋を漁業の立場から研究するようになったのは比較的新しいことである。
　海洋は廣大なものであるけれども，そのどこにでも同じよ

うに生物がすんでいるのではない。漁場として経済的に有用な生物をとることができるのは，ある限られた範囲であって，陸地からおよそ 500 海里以内，深さ 600 m ぐらいまでである。遠洋漁業といわれるものも，その多くは根拠地から漁場までの距離が遠いだけであって，漁場は必ずしも陸地から遠く離れた沖合ではない。

　なぜ，このように漁場が陸地に近い沿海または海の上層に限られるのであろうか。

　生物が生きていくためには光・熱・栄養が必要である。沿海は光・熱に恵まれ，陸地から運ばれる栄養分も多いのでプランクトンの成育に適し，これを食物としている魚類の増殖にもよい。大洋の表層もこれらの点で浅海と似ている。

　漁場は決して一定の場所に固定しているものではない。魚類は食物を求めるため，また自分の子孫を残すため，それに適した場所を求めて移動する。一方，海洋中の海流・温度・塩分・気体などは，場所により時にしたがっていろいろに変わり，その変化が，またプランクトンや魚貝類の増減に関係して来るから，これらの生物は絶えず移動することになる。

　漁場を選ぶには，魚貝類の性質にしたがい，以上のことを考えに入れて決定する必要がある。

　次に，海の深さ，海底の形，水温・塩分・海流・潮目と漁業との関係を調べよう。

　1.　海の深さが生物の生活に密接な関係があることはすで

に学んだ。わが國の太平洋側のように海底の傾きが急で，陸地からわずかな距離で深海に達する所では，沿岸性の魚，すなわちタイ・ヒラメ・カレイ・ホオボオ・グチなどのすむ場所は非常に狭くなる。外洋性の魚，すなわちマグロ・カツオ・サバ・カジキ・トビウオ・サンマなどは廣い範囲を泳ぎまわるから，それらの漁場は陸地からの距離とは関係があるけれども，深さとはあまり関係がない。

2. 海底の形はどんなに影響するだろうか。海底に盛り上がった所があると，海水はこれに突き当たって上向きの流れができ，植物の栄養になる りん酸や硝酸塩をたくさん含んだ下層の水が上層に運ばれる。プランクトンはこれを栄養として繁殖し，プランクトンを食物とする魚類が集まることになる。わが國の近海にはこのような漁場がたくさんある。

天然にこのような場所がない時は，つきいそ といって，古い船などをそのまま，または えさ になるようなものをつめて適当な深さの海底に沈め，下等生物の増殖をはかり，これを求めて集まって來るサバ・アジなどのつり場にしている。

3. 水温はどんなに関係するだろうか。暖海・寒海にはそれぞれに特有の生物がすんでいる。一般に外洋性の生物は，沿海性のものに比べると，温度の支配を受けることが多く，寒帯の生物もその影響を受けることが大きい。

このように，魚はその種類によって適温の範囲があるから，漁場を選ぶには温度計を使って水温を測るのがよい。

季節的に，氣象的に，また海流の変化のために，水温がいちじるしく変化すると，魚は適温を追って移動するものである。カツオ・マグロ・サバ・ブリなどは数百海里の範囲を南北に季節的に移動している

4. 塩分の濃淡は，どんな影響をあたえるか。ハゼ・キス・ボラ・コチ・クロダイ・コノシロ・スズキ・イワシなどの魚類，アサリ・ハマグリ・カキ・タイラギ・アゲマキなどの貝類，アサクサノリ・オゴノリなどの海そう類は，塩分のうすい内湾・内海，または外海でも淡水が流入する沿岸に近い場所に好んですむ。

温度の変化と同じように，降雨とか海流とかによって海水の塩分に急激な変化が起れば，これらの生物はその場所を変え，貝などは死に絶えることがある。

5. 海流はどんなに影響するか。北方の寒流流域では，四季の海洋の変化が少なく，生物の量は多いが種類は少ないので，あまり漁場の変化はない。

南方にむかうにしたがって，南下する寒流と北上する暖流とが入りまじって複雑な形を作り出すから，魚群の集まったり散ったりするようすもいろいろに変わって來る。

更に南方にくだって暖流流域にはいると，海洋の変化は再び單調になって，魚も少なくなる。

6. 温度の違う海水が相接すると，なかなかまじりあわないで，空氣の場合のように不連続線ができる。この不連続線

が潮目といわれるもので，そこには種々の漂流物が集まり，また上下の流れが起って，栄養になる塩類が上層に運ばれるために，プランクトンが繁殖し，つめたい方にいる魚と暖かい方にいる魚とが停滞して大漁場となる。

6. 黒潮に乗る魚類

　黒潮は大西洋の湾流に相当する大海流である。その流速は毎時 2—7 km であって，この流れに運ばれて動く生物の量はおびただしいものである。この生物の量は黒潮系の暖水と親潮系の冷水とがまじる潮境で最大に達する。

　親潮を北方からわが國への輸送路とすると，黒潮は，わが國と南洋とをつなぐ自然の大輸送路である。したがって，わが近海に來る魚群の行動は，この二大海流の勢力の消長に支配されることになる。

　南洋から黒潮に乗って，はるばるわが國をおとずれる魚の大部分が目指す所は，食料の豊富な寒流と暖流の潮境であって，黒潮は，これらの魚にとっては進みやすい自然の道路である。

　マグロ・カツオのような大洋型の魚の体形は流線型であって，泳ぐ力が非常に強い。からだの横断面は，ほとんど円形に近く，尾の方に行くにしたがって急に細くなっている。尾ひれ は半月形で，板のように丈夫である。

　これらの魚が黒潮に乗ってわが國の沿岸を北上するのは，

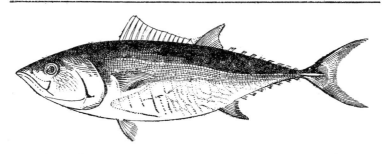

一つには食料を求めるためであり，また一つには，すむのに適する水温を追うためと考えられている。

　南洋を故郷とするこれらの魚は，そこで生まれ，育ち，大きくなるにしたがって遠く北上し，春夏をわが國の近海で過ごし，豊富な食料を十分にたべて，秋には南に帰って行く。

　また，魚類は水温の影響を直接に身に受けるから，すむのに適する固有の水温が，それぞれほぼきまっている。多くの魚は，だいたい 15° から 20° の間にすみ，これより高いものは暖水性，低いものは冷水性の魚と呼ばれる。

　サケやマスは冷水性の魚であり，カツオやマグロは暖水性の魚であるが，同じマグロの類でも，種類により適温が違っている。伊豆近海では，12月初旬表面水温が 17° ぐらいに下がると，マグロが來て翌年の 4 月まで漁が続き，その後水温が上がって 18° を越えると，マグロに代わってメバチが來，20° を越えて，はじめてキハダがとれる。この関係からも，マグロが一番北まで分布し，キハダが南に多いわけがわかる。

　カツオは太平洋岸に多く，日本海にはごくまれである。夏

86

季には北海道沖でもとれるが，南部の暖海では一年中とれる。

ウナギも，はるばる南方からわが國に來て一生の大部分を過ごし，また南方に去って行く。その産卵場所はまだわかっていないが，南方の深海で生まれ，黒潮に乗ってわが國に來て，河口に達するものと考えられている。このかよわいウナギの幼魚が何千海里も移動し，しかも，10年近い淡水生活の後，再び深海の故郷へ産卵場所を求めて帰って行くその行動は，本能という以外には説明がないであろうか。

魚類ではないが，黒潮と関係の深いものにクジラがある。普通のクジラは，おもに冬季，黒潮流域に來て生殖をし，夏季には食料を求めて北太平洋方面に北上するものである。

しかし，マッコウクジラは，若い雄や老年の雄以外は，黒潮の流れを離れてつめたい水域に行かないものである。マッコウクジラは歯を持つクジラの一種で，雄は多くの家族をひきいて黒潮流域で生活している。金華山沖は，昔から有名なマッコウクジラの漁場である。

クジラにはこのほかナガスクジラのように，歯の代わりに，くし形の鯨ひげ を持ったものがある。このなかまには大形のものが多く，夏季は極に近い寒い海洋に大群をなしてすんでいる。

クジラの肉は食用となり，ひげ・皮は工藝品に，脂肪は油脂工業の原料として重要なものであるから，わが國でもこの漁業に力を入れている。

む　す　び

　原始時代には，人間はことごとに自然にしたがい，これに順應することによって，その生活を安らかにしようと努力していたのに反し，現在私たちは，ある程度まで自然を征服することができたようにみえる。巨大な船は波をけって海洋を自由に航行し，航空機は昔の人の夢想を実現して，大空を自由に飛ぶことができるようになった。

　しかし，私たちが自然を征服するといっても，自然にそむいて勝手なことがらができるというわけのものではない。現在私たちは，まだ多くの天災に対して完全な防備をつくすまで進んでいない。不意に大地震や火山の爆発におそわれて，悲惨な運命に会わなければならない場合もあり，また天候・氣溫のようなものも，その不順な時に，人の力で自由に調節することはまだできない狀態である。いろいろな地理的の環境なども，私たちに対して避けることのできない重大な影響を及ぼしている。

　しかしこれらのすべては，たとい現在において事実であっても，それが果たして將來でもそのままでなければならないかどうかについては，直ちにこの事実から結論することはできない。

　自然には，私たちがどうしても越えることができない限界が自然法則として存在する。すべての事実は，この法則にし

たがって，私たちの世界に現われるのである。

　それであるから，私たちが自然を利用するにあたっては，まず自然法則がどんなものであるかを知らなければならない。自然を利用しようとするためには，ただこれに順應することによって，目的に達することができるのである。自然に最もよくしたがうものが，最もよくこれを利用することができるのである。

　地球上に最も多量に存在する液体として，なぜ水が選ばれたのであろうか。氷の密度が他の多くの液体と違って，水の密度よりなぜ小さいのであろうか。水の比熱が他の液体よりも，なぜ特に大きいのであろうか。もし水がこのような特質をもたなかったならば，どうであろうか。きびしい寒さの時には，海水は現在よりもはるかに廣い範囲にわたって，しかも急に凍るであろうし，氷塊は深く海底に沈んで，海中の動植物の生活を困難にしたであろう。

　このようなことを考えると，自然は不思議なほど，実によく調和を保っている。

　海を利用するためには海をよく知らなければならない。海は，どんなに私たちの生活に影響をあたえているか。海を理会することは，眞に海を利用することのできる第一歩である。現在私たちは海の幸のほんの一部を利用しているに過ぎない。その利用の程度は低く，非常に不十分である。もっと海を研究し，海に親しみ，この大自然のふところに飛びこみ，とけ

こんで行くことこそ，海國日本の名にふさわしい私たちのとるべき態度ではなかろうか。

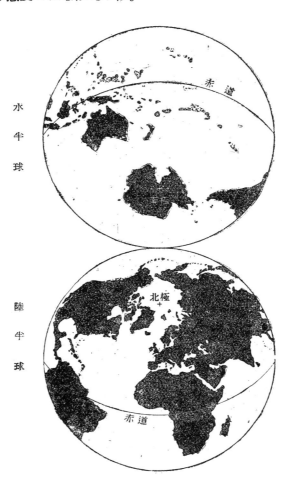

おもな海洋

海 洋 名	面 積	容 積	最大の深さ	平均の深さ	全水層の平均水温	表面の平均塩分
	$\times 10^4 km^2$	$\times 10^5 km^3$	m	m	°	（千分率）
大洋 太 平 洋	1,6572	6788.37	1,0793	4097	3.73	34.91
大 西 洋	8166	3148.22	8525	3850	4.02	35.37
イ ン ド 洋	7344	2885.28	7480	3929	3.82	34.81
計	3,2082	1,2821.86	1,0793	3997	——	35.00
北 極 海	1435	167.94	>5440	1170	− 0.66	25.5?
オーストララシア海	813	88.48	7315	1089	6.90	33.87
アメリカ海（カリブ海及びメキシコ湾）	458	95.79	6415	2090	6.60	35.95
地中海（ヨーロッパ）	297	42.49	4404	1431	13.35	34.85
ハ ド ソ ン 湾	122	1.57	229	128	1.02	7.8
紅 海	46	2.24	2211	488	22.69	38.8
バ ル ト 海	41	0.22	427	55	3.91	26.0?
ペ ル シ ア 湾	23	0.06	91	25	24.0?	36.7
計	3235	398.80	7315	1232	——	30.7
ベ ー リ ン グ 海	227	32.86	4091	1444	2.0	30.3
オ ホ ー ツ ク 海	151	18.95	3374	1270	1.50	30.9
東 支 那 海	124	2.20	2681	177	9.29	32.1
日 本 海	104	15.97	3712	1530	0.90	34.1
ア ン ダ マ ン 海	79	6.16	3641	779	10.09	31.5
イ ギ リ ス 海	57	0.54	680	94	9.77	34.2
カリフォルニア湾	22	0.28	2904	128	9.14	30.5
ローレンシア湾	21	0.13	572	62	2.18	34.8
北 海	17	1.65	3667	987	7.72	35.5
タ ス マ ン 海	8	0.06	91	72	12.50	35.5
計	811	78.80	4091	971	——	31.86
近海（地中海＋沿海）	4046	477.59	7315	1180	——	30.38
海洋（大洋＋近海）	3,6128	1,3299.46	1,0793	3681	3.83	34.49

文部省著作教科書 ── 『海をどのように利用しているか』

91

風力階級	風速(毎秒m)	陸 上 の 状 態	海 上 の 状 態
0	0 – 0.5	煙がまっすぐ昇る	鏡のようになめらかである
1	0.6 – 1.7	煙が軽くなびく	ところどころに さざなみが現われれる
2	1.8 – 3.3	顔に風を感ずる，葉がさやぐ	一面に さざなみ が現われる
3	3.4 – 5.2	葉や小枝がたえず動く	ところどころに白波が現われる
4	5.3 – 7.4	ごみ や紙片がまい上がる，小枝が大きく揺れる	海面の半ば以上が白波におおわれる
5	7.5 – 9.8	葉の茂った小樹が揺れる	海面のほとんど全面が白波におおわれる
6	9.9–12.4	大枝が揺れる，電線が鳴る，かさ が持ちにくくなる	白波がやや盛んになる
7	12.5–15.2	樹木全体が揺れ出す風にむかって歩きにくくなる	波がそびえ立ち一面に白い波が現われる
8	15.3–18.2	小枝が折れる，急いで歩けない	大波となり波頭がけわしくなる
9	18.3–21.5	煙突が倒れ，かわら が飛ぶ	波頭が逆巻き始める
10	21.6–25.1	樹木が根こそぎとなり建物に大損害が起る	波頭が逆巻き海面は大きな波でおおわれる
11	25.2–29.0	到る所に大損害が起る	波の山が吹きちぎれ海面は水煙にみたされる
12	29.1 以上	損害が益々大きくなる	水と空との区別がわからなくなり船がくつがえるおそれがある

だいたいの風速	吹 流 し が 鉛 直 線 と な す 傾 き
0 （m/秒）	0°（たれ下がっている）
2	30°
5	60°
10	80°
15	90°（水平となっている）

私たちの科学 9
海をどのように利用しているか
中学校第2学年用

昭和22年3月26日印刷　同日飜刻印刷
昭和22年3月30日発行　同日飜刻発行

〔昭和22年3月30日　文部省檢査済〕

著作権所有

APPROVED BY MINISTRY
OF EDUCATION
(DATE Mar. 26, 1947)

著作兼
発行者　　文　　部　　省

東京都中央区銀座一丁目五番地

飜刻
発行者　　大日本圖書株式會社
代表者　佐久間長吉郎

東京都新宿区市谷加賀町一丁目十二番地

印刷者　　大日本印刷株式會社
代表者　佐久間長吉郎

発行所　　大日本圖書株式會社

● 執筆者

小国 喜弘（こくに・よしひろ）
東京大学大学院教育学研究科 教授 教育学（教育史）

高橋 沙希（たかはし・さき）
東京大学大学院教育学研究科 特任研究員 教育学（教育史）

柳 準相（Liu Jun Sang・リュウジュンサン）
東京大学大学院教育学研究科 特任研究員 教育学（教育史）

田口 康大（たぐち・こうだい）
東京大学海洋アライアンス海洋教育促進研究センター 特任講師
教育学（教育哲学・教育人間学）

● 編集

東京大学海洋アライアンス海洋教育促進研究センター

田中 智志（たなか・さとし）
センター長／大学院教育研究科 教授

田口 康大（たぐち・こうだい）
特任講師

加藤 大貴（かとう・だいき）
特任研究員

梶川 萌（かじかわ・もえ）
特任研究員

装丁——アトリエ・プラン

＊本書は公益財団法人日本財団の助成によるものです。

日本の海洋教育の原点 ── （戦後）理科編 ──

2019 年 2 月 25 日　　　初版第 1 刷発行

編著者　小国 喜弘
　　　　東京大学海洋アライアンス海洋教育促進研究センター

発行者　菊池 公男

発行所　株式会社 一 藝 社
　　　　〒160-0014 東京都新宿区内藤町 1 － 6
　　　　TEL 03-5312-8890
　　　　FAX 03-5312-8895
　　　　振替　東京 00180-5-350802
　　　　E-mail : info@ichigeisha.co.jp
　　　　HP : http://www.ichigeisha.co.jp

印刷・製本　亜細亜印刷株式会社

©Kokuni Yoshihiro, THE UNIVERSITY OF TOKYO,
Ocean Alliance, Research Center for Marine Education
2019 Printed in Japan

ISBN 978-4-86359-186-8 C3037
乱丁・落丁本はお取り替えいたします